新版

そのまま使える
経理&会計のための
Excel入門

井ノ上陽一

はじめに

■ AIにより、経理業務はなくなるのか

　2010年に『そのまま使える経理＆会計のためのExcel入門』を執筆してから、8年が経ちました。
　この間、経理という仕事にも様々な変化が起きています。

・PC性能の向上
・スマホ、タブレットの普及
・インターネット、クラウドサービスの活用
・ペーパーレス化
・RPA（ロボテック・プロセス・オートメーション）による自動化

　そして、AI（人口知能）。

　こういったものを活用すれば、経理の仕事は効率化できるはずです。一方で、効率化には負の側面もあります。
　それは仕事がなくなること。
　これまでヒトが時間をかけてやっていた仕事がなくなってしまうことです。すでに、次のような仕事はなくなりつつあります。

・伝票に手書きして、ハンコを押すという仕事
・預金通帳をひたすら入力する仕事
・手書きで転記して合計して合わせるという仕事

　仕事がなくなりつつある今、経理という仕事を、もう一度定義しなおす必要があります。
　経理は経営管理。
　営業が"剣"であるなら経理は"盾"、営業が"攻め"なら経理は"守り"

です。世の中、どうしても攻め＝売上を増やすことを優先してしまいがちですが、守りも欠かせません。その守りを提供するのが経理の仕事です。

　データ、数字からわかることを、経営者や営業担当者その他の部署へ伝え、動いていただくことが経理に携わる人（税理士業界を含めて）の使命ではないでしょうか。

　しかしながら、日々の作業に追われていては、その使命は果たせません。使命を果たすために、作業に追われずに考える時間、話す時間をとることは必須です。

　AIにより経理業務がなくなるのを待たずに、なくすことができる経理業務・なくすべき経理業務を積極的になくしていかなければいけません。

　そうしなければ、ある日突然、仕事がなくなったときに対処できません。

　経理業務でなくせる部分、今後なくなるであろう部分は「作業」です。ヒトでなくてもできること、任せたほうが正確で速いことは、どんどんなくしていきましょう。

　「作業」をなくす方法の１つがExcelの活用です。

　Excelには、まだまだ可能性があり、脱Excel（Excelを使うのをやめて他のシステムやソフトを使う）の前にやるべきことはあります。

　本書では、激変する経理業務の環境の中でこそ見直しておきたいExcelの使い方をまとめました。経理業務はなくなるのか？　と心配な方にこそ読んでいただきたい本です。

■ 本書の意義と構成

　本書は、次のような構成になっています。

　第１章の「Excelの操作の基本」、第２章の「Excelへの入力の基本」、第３章の「Excelの計算の基本」は、Excelの基礎の基礎かつ経理＆会計に必要なものを取り上げました。

　「もう知ってるよ」という内容もあれば、「こういうこともできるのか」「こ

ういう意味だったのか」というものもあるでしょうが、ご一読いただければと思います。

　第4章の「効率アップのための5つのExcelスキル」は、ぜひとも知っておきたいExcelスキルをまとめました。5つのうち1つでも欠けると効率は落ちます。

　2010年の旧版では「マクロ」をあえて載せませんでした（1項目のみ）。しかしながら、その後、プログラミングというスキルの重要度が高まったことから、今回は積極的に載せています。

　IT、AI、RPAを理解し使いこなすためにも、プログラミングの知識は欠かせず、これから経理という仕事を自分なりに定義し価値を生み出していくには、「つくる」ということが必要です。

　その「つくる」力を磨くにもプログラミング＝Excelマクロは最適といえます。経理業務の効率化はマクロがあってこそ完成するのです。

　第5章からは経理業務に即した事例をまじえてお伝えしています。

　本書では、経理業務の流れを「インプット」→「集計」→「アウトプット」と位置づけました。第5章の「Excelでインプット」、第6章の「Excelで集計」、第7章の「Excelでアウトプット」という構成です。

　第1章から第4章までのテクニックを随所に使い、事例の中で学べます。

　残念ながら、経理業務がインプットで終わっているようなケースが多く見受けられます。取引を入力するインプットという作業で時間がかかってしまうからです。その後の集計は会計ソフト任せ、アウトプットはプリントアウトだけになってしまっては意味がありません。

　そこで、Excelで効果的かつ効率的に集計し、アウトプットにつなげていく方法をお伝えします。

　アウトプットの事例は、まだまだお伝えしたいことがありますが、紙面の都合上の限界もありました。しかしながら、基礎の部分はすべて載せていますので、これらを習得すれば、あとはアイデア次第でみなさんなりのアウトプットができるはずです。

　なくすべき仕事をなくし、このアウトプットに時間を使うようにしましょう。

私は、最初に勤めた総務省統計局でExcelとプログラミングに出会い、その後税理士の道を志し、資格をとりつつ税理士事務所やIT企業を経て独立しました。

　一貫して数字とIT、Excelを使う仕事をしてきて、意識していたのは時間です。なにかしら価値を生み出すには時間が必要となります。右から左の作業、会計ソフトを使っているだけでは価値を生み出せません。

　そう考えて、なくすべき仕事、やりたくない作業をExcelでなくしてきましたし、今も日々意識しています。

　机上の空論ではなく、私自身がフィールドに立ち、試行錯誤してきた結果をお伝えするのが本書の意義です。

　なお、本文中に **DLファイル** というアイコンがある図（画像）については、関連ファイルを、本書の専用サイトからダウンロードできますので、参考にして実際に「つくって」みていただければと思います。

　テンプレートファイルを提供するわけではなく、つくってみていただきたいのは、やはり自分で「つくる」ことが最も効果的な学習だからです。

　みなさんの経理スキルを最大限に活かしていただくためにも、Excelで経理業務（作業）を積極的になくしていきましょう。

　経理の力もExcelの力も、まだまだ可能性があります。

2018年12月

　　　　　　　　株式会社タイムコンサルティング代表取締役　税理士
　　　　　　　　　　　　　　　　　　　　　　　　　井ノ上 陽一

ファイルのダウンロードについて

DLファイル のアイコンが付いたファイルは、下記のサイトよりダウンロードして利用することができます。

本書の専用サイト　https://www.ex-it-blog.com/keiri-excel/

Excel のバージョンについて

本書は Windows 版 Excel Microsoft365 をベースに作成しており、Windows 版 Excel2007、2010、2013、2016、2019 でも活用できます。

免責及び商標・登録商標について

※本書の出版にあたっては正確な記述に努めましたが、解説している操作の実行、ファイルのダウンロードなどの結果、万一障害が発生しても、著者及び出版社は一切の責任を負いません。あらかじめご了承ください。
※本書に掲載されている画面イメージは、特定の設定に基づいた環境にて再現される一例です。
※本書の内容は 2018 年 12 月現在の情報によっており、ご利用時には変更されている可能性があります。
※ Excel、Windows は、米国 Microsoft Corporation の米国及びその他の国における商標及び登録商標です。

もくじ

新版　そのまま使える
経理＆会計のための Excel 入門

はじめに ——— 1

第1章
Excel の操作の基本

1　Excel を操作してみよう ——— 12
2　キー操作に慣れよう ——— 15
3　「マウスを使うな！」はホント？ ——— 21
4　クイックアクセスツールバーを使ってみよう ——— 23
5　Excel のリボンで使っているもの ——— 26
6　「開く」「閉じる」をやってみよう ——— 31
7　ファイルを保存してみよう ——— 35
8　ファイル、シートを整理しよう ——— 39
9　シートを使い分けてみよう ——— 41
10　複数のファイルを開いてみよう〜整列〜 ——— 45
11　ファイルサイズを意識しよう ——— 47

第2章
Excelへの入力の基本

1 数字を入力してみよう —— 52
2 文字を入力してみよう —— 56
3 日付を入力してみよう —— 58
4 コピーしてみよう —— 62
5 データを置換してみよう —— 65
6 表をつくってみよう —— 70
7 印刷してみよう —— 73

第3章
Excelの計算の基本

1 計算してみよう —— 78
2 関数を使ってみよう —— 83
3 IFの使い方〜条件で処理を分ける〜 —— 87
4 端数処理に使う関数〜電卓と端数が異なる場合〜 —— 89
5 文字を処理する関数 —— 91
6 数式・関数のエラーとその対策 —— 96

第4章

効率アップのための 5つのExcelスキル

1 グラフ ── 102

2 テーブル ── 106

3 ピボットテーブル ── 113

4 VLOOKUP関数 ── 119

5 マクロ ── 127

第5章

Excelで経理&会計業務 〜インプット〜

1 インプットをなくすのが第一 ── 146

2 Excelから会計ソフトへのインポート ── 147

3 現金出納帳をつくる ── 160

4 Excelデータから請求書をつくる ── 172

5 経費精算書を集計するしくみ ── 188

第6章

Excel で経理＆会計業務
～集計～

1. 会計ソフトのデータをうまく使う ──── 200
2. 仕訳データをピボットテーブルで集計 ──── 201
3. 消費税課税区分のチェック ──── 204
4. 前期との仕訳データの比較 ──── 206
5. 仕訳データから資金繰り表をつくる ──── 212

第7章

Excel で経理＆会計業務
～アウトプット～

1. 月次報告資料 ──── 226
2. 推移表のエクスポート ──── 229
3. 3期比較月別売上グラフ ──── 232
4. 移動年計グラフ ──── 237
5. 予算実績比較・前期比較 ──── 243
6. 予算達成度グラフ ──── 247
7. 決算予測、納税予測 ──── 250
8. 資金繰り予測 ──── 255
9. 決算時のアウトプット ──── 260

カバーデザイン◎ISSIKI（デジタル）
本文デザイン・ＤＴＰ◎一企画

第 1 章

Excel の操作の基本

Excel を効率よく使うには、
使う人間の操作スキルが欠かせません。
操作の基本を確認しましょう。

1 Excelを操作してみよう

■ 4つのパターンで操作

Excelの操作は、次の4つのパターンがあります。

① マウスを使って「リボン」(画面上部のメニュー)をクリック

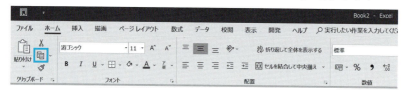

② マウスを使って「右クリック」し、メニューを選択

③ キーを1〜4つ組み合わせて使う「ショートカットキー」
④ キーを順番に2つから4つ押していく「アクセスキー」

それぞれ善し悪しがありますので、ケースに応じて使い分けていきましょう。
　①のリボンを使う方法は、わかりやすい反面、マウスを操作して画面上にあるリボンをクリックするという操作のロスがあり、効率は悪くなります。Excelの腕をあげたいなら、極力控えるべきです。
　②の右クリックは、多少使ったほうがいい場面があります。ただ、頼りすぎないようにしましょう。
　③のショートカットキー、④のアクセスキーを使えば使うほど操作は速くなります。操作が速くなれば、時間ができ、他のスキルを学んだり、考えたりする時間に投資できるのです。

　③のショートカットキーは、本書では、Ctrl（コントロール）＋ S（Ctrlキーと Sキーを同時に押す。上書き保存）と表現します。同時押しにする場合は、Ctrl、Alt（オルト）、Shiftキーなどを先に押しっぱなしにして、他の Sや Pなどのキーを押す感覚だとうまくいきます。慣れてきたら、同時に押すようにしましょう。
　④のアクセスキーは、Alt → E → L → Enter（Alt、E、L、Enterと1つずつ押す。シートの削除）と表現します。1つずつ押すのがポイントで、キーを1つ押して指を放して、次のキーを押して……とゆっくりやってみましょう。

　これら4つのパターンは、コピーなら
①のリボン　……　［ホーム］タブの［コピー］をクリック
②の右クリック　……　右クリックして［コピー］を選択
③のショートカットキー　……　Ctrl ＋ C
④のアクセスキー　……　Alt → H → C → Enter
といった操作です。

　マウスに手を伸ばす①と②、CtrlキーとCを押せばいい③、キーを4つ押す④。
　③が一番速いのは明確です。

■ 何かあったら元に戻す

Excelの操作をしていて、間違ってしまったときは、すぐに元に戻しましょう。Ctrl + Zで元に戻せ、ある程度のステップまで元に戻すことができます。戻しすぎたときは、Ctrl + Yを使いましょう。「元に戻す」を取り消せます。セルの入力、編集中にやっぱりやめたいというときは、Ctrl + Zではなく、ESC（エスケープ）キーを押します。入力や編集を取りやめるという意味です。

シート見出しの編集中も同様のことが起きますので、「操作できない！」とあわてないようにしましょう。

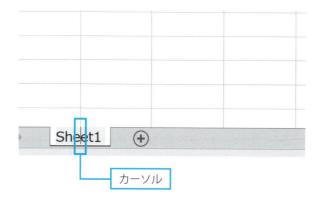

2 キー操作に慣れよう

キーで操作するとExcelの操作スピードは上がります。まずは基本のキーを押さえましょう。

●Enterキー

セルへの入力を終えてカーソルを下に移動させる、文字変換を確定する、そして、OKの意味があります。[OK]、[キャンセル]とボックスに表示されたとき Enter キーを押せば[OK]を選択したことになります。

マウスでカーソルを合わせるよりも確実に速い操作ができます。

●ESCキー（エスケープキー）

文字や数値を入力していて、キャンセルする場合に使えます。セルへの入力、シート名の入力をしている状態では、操作ができなくなるので、いったんキャンセルするクセをつけましょう。

[OK]、[キャンセル]とボックスに表示されたとき ESC キーを押せば、[キャンセル]を選択したことになります。

●方向キー

←→↑↓の方向キー。セルを選択する場合は、これを中心に使いましょう。マウスに手を伸ばして、セルを選択するよりも速く操作できます。

3つ右へ動かすなら→を3回押せばいいわけです。

●Tab（タブ）キー

文字や数字を入力し、Enter キーを押せば、カーソルは下へ動きます。このとき Tab キーを押せば、カーソルは右へ動くのです。

これを覚えておけば、右方向へデータを入力するときに使えます。

●Ctrl キー

Ctrl キーを押しながらクリックすれば、複数のファイル、シート、セル、行、列を選択できます。Ctrl キーを押しながらドラッグすれば、ファイル、シート、セル、行、列をコピーできます。

●Shift キー

Shift キーを押しながらクリックすれば、連続して選択できます。

たとえば、シートの一番左をクリックして、5枚目のシートを Shift キーを押しながらクリックすれば1枚目から5枚目を選択できます。

次の画像のように、セルを選択して Shift キーを押しながら→を押せば、押した回数だけ選択範囲を広げられます。

	A	B	C	D
1	貸借対照表			
2		1	2	3
3	現金	494	464	395
4	普通預金	16,800	8,654	7,790
5	現預金合計	17,294	9,118	8,185
6	売掛金	15,047	16,184	27,891
7	貸倒引当金	-90	-97	-167

セルA2を選択し Shift を押しながら→を2回押す

● Alt（オルト）キー

Alt キーを押すと、リボンにアルファベットや数字が表示されます。このアルファベット・数字を押せば、その操作ができるのです。

● ファンクションキー

画面上部の F1 ～ F12 は、単独または他のキーとの組み合わせで操作ができます。たとえば、

- Alt + F1 …… 棒グラフの作成
- F2 …… セルの編集
- F4 …… 参照の切り替え
- F10 …… 日本語入力モードで半角英数に変換
- Shift + F11 …… シートの挿入
- F12 …… 名前を付けて保存

といったものです。

キーボード最上段にあり、押しにくいキーですが、使えるようにしておきましょう。

● 数字キー

ファンクションキーの下にある数字キー。数字とともに $ ％ & （ = といった重要な役割のキーもあります（それぞれ Shift キーを押しながら押す）。確実に押せるようにしておきましょう。

■ タッチタイピングで効率アップ

キー操作は、キーボードを見ないで打つタッチタイピングが必須です。両手の5本指を使い正しい位置でタイピングしましょう。すべての仕事の効率が上がります。左手の小指は使いにくいのですが（右利きの場合）、Tab キーや ESC キーは左手の小指で押すものです。意識して慣れましょう。

このタッチタイピングを練習する暇がないということは仕事が多すぎるとい

うことです。「スキルが身につかない」→「仕事終わらない」→「スキルが身につかない」という負の循環に陥ります。

■ テンキーは使わない

　テンキーは数字を入力するときには、たしかに速くて便利です。しかしながらパソコンの操作スキルは伸びません。

　テンキーで入力するスピードは、これからの時代、必要ないものです。文章を書いたり、資料を作ったりする能力のほうが求められています。

　私はテンキーを一切使いません（持っていません）。キーボードの数字キーでも遜色なく打てるからです。そうしておいたほうがタッチタイピングのクセもつき、「＄」や「＆」といったキーも素早く打つことができるようになります。

■ ショートカットキーを使う

　キーの組み合わせで操作するショートカットキー。活用すれば確実に操作スピードは速くなり、時間を節約できます。

　ただし、タッチタイピングが必須です。タッチタイピングでキーを押せるよう日々練習しましょう。

　次ページに、おすすめのショートカットキーをまとめてあり、ダウンロードできるようにもしてありますので、ぜひマスターしていただければと思います。

■ 知っておきたいショートカットキー

DLファイル①

操作	ショートカットキー
新しいブックをつくる	`Ctrl` + `N`
ブックを開く	`Ctrl` + `O`
ブックを閉じる	`Ctrl` + `W`
上書き保存しながら閉じる	`Ctrl` + `W` → `Enter`
Excelを終了する	`Alt` + `F4`
上書き保存する	`Ctrl` + `S`
名前を付けて保存する	`F12`
シートをPDFで保存する	`F12` →（保存場所選択・ファイル名入力）→ `Tab` → `P` （英数モードで）→ `Enter`
入力後、下のセルへカーソルを移動する	`Enter`
入力後、右のセルへカーソルを移動する	`Tab`
入力中、キャンセルする	`ESC`
SUM関数を入力	`Alt` + `Shift` + `-` （`=`）
セルを編集する	`F2`
最後のコマンドの操作を元に戻す	`Ctrl` + `Z`
Ctrl＋Zで戻した操作を1つ取り消す	`Ctrl` + `Y`
カーソルを移動する	方向キー
選択範囲を上、下、左、または右に広げる	`Shift` + 方向キー
セル内で改行する	`Alt` + `Enter`
シートを挿入する	`Shift` + `F11`
シートを削除する	`Alt` → `E` → `L` → `Enter`
ブック内で次(前)のシートに切り替える	`Ctrl` + `PageDown` （`Ctrl` + `PageUp`）
シート名を変更する	`Alt` → `O` → `H` → `R`
別のExcelへ切り替える	`Ctrl` + `Tab` ※ `Ctrl` + `Shift` + `Tab` で逆順
他のソフトも含めて切り替える	`Alt` + `Tab`
ウィンドウを整列する	`Alt` → `W` → `A` → `Enter`
ウィンドウ枠を固定する	`Alt` → `W` → `F` → `Enter`
Excelを左寄せにする（右寄せにする）	`Windows` + `→` （`←`）
選択範囲をコピーする	`Ctrl` + `C`
下方向にコピーする	`Ctrl` + `D`
右方向にコピーする	`Ctrl` + `R`
範囲を選択して下[右]方向にコピーする	`Shift` + 方向キーで選択、`Ctrl` + `D` [`Ctrl` + `R`]
コピー・切り取りした範囲を挿入する	`Ctrl` + `C` [`Ctrl` + `X`] → `Ctrl` + `Shift` + `;` （`+`）

選択範囲を切り取る	Ctrl + X
切り取り、コピーした内容を貼り付ける	Ctrl + V
値のみ貼り付ける	Ctrl + C → Ctrl + V → Ctrl → V
[挿入] ダイアログボックスを表示して、空白セルを挿入する	Ctrl + Shift + ; (+)
[削除] ダイアログボックスを表示して、選択されたセルを削除する	Ctrl + -
列を挿入する	Ctrl + Space → Ctrl + Shift + ; (+) or Alt → I → C
行を挿入する	Shift + Space → Ctrl + Shift + 負符号 (-) or Alt → I → R
シート全体を選択する	Ctrl + A → A (Ctrl を押しながら A を2回押す)
シートの端のセルを選択する	Ctrl + 方向キー
シートの端までの範囲を一気に選択する	Ctrl + Shift + 方向キー
シートのある範囲を選択する	Ctrl + Shift + *
検索する	Ctrl + F
置換する	Ctrl + H
[印刷] ダイアログボックスを表示する	Ctrl + P
選択したセルに外枠罫線を引く	Ctrl + Shift + 6 (&)
選択したセルから外枠罫線を削除する	Ctrl + Shift + 下線 (_)
テーブルに変換する	Ctrl + T
ピボットテーブルをつくる	Alt → N → V → Enter
ピボットテーブルを更新する	ピボットテーブルを選択して Alt + F5
オートフィルターを表示する（非表示にする）	Ctrl + Shift + L
選択した値でフィルター	アプリケーション キー → E → V
棒グラフをつくる	Alt + F1
[桁区切り] 表示にする	Ctrl + Shift + 1 (!)
％表示にする	Ctrl + Shift + 5
日付 (yyyy/mm/dd) 表示にする	Ctrl + Shift + 3
書式をクリアする	Ctrl + Shift + ^
[セルの書式設定] ダイアログボックスを表示する	Ctrl + 1
Excelのオプションを開く	Alt → T → O
日本語モードで入力した場合に、半角英数字に変換する	F10
小さい順に並べ替える	Alt → H → S → Enter

3 「マウスを使うな!」はホント？

　Excel操作のスピードを上げるために、「マウスを使うな」といわれることがよくあります。
　ただ、本当にマウスを使ってはいけないのでしょうか。
　現に私はマウスを使っています（ノートパソコンではタッチパッド）。
　マウスを使ったほうが速いところはマウスで、キー操作が速い場合はキーを使っているのです。

■ マウスを使ったほうが速い操作

　たとえば、シート名変更のショートカットキーは、Alt→H→O→R。4つのキーを押すのは少々大変です。覚えるまでの時間もかかってしまうでしょう。
　それならば、マウスでシート名をダブルクリックしたほうが速く操作できます。
　マウスを使ったほうが速い操作には、次のようなものがあります。

・シートのコピー（Ctrlキーを押しながらドラッグ）
・シート名の変更（シート見出しをダブルクリック）
・連続データの作成（セルの右下をダブルクリック）
・ピボットテーブルの操作
・テーブルのスタイル変更
・行の移動、挿入（行を選択してドラッグ、行を選択してShiftを押しながらドラッグで挿入）
・拡大縮小（Ctrlキーを押しながらスクロールボタンを動かす）
・複数のファイル、シート、行、列、セルの選択（Ctrlキーを押しながらクリック）

■ マウスはできるだけ性能の良いものを

　マウスで操作する場合は、マウスそのものの性能にそのスピードが左右されます。性能の悪い、または劣化したマウスだと操作しにくくなります。

　マウスは、自腹を切ってでも、次のようないいものをそろえるべきです。

・マウスパッドがいらない
・ワイヤレス（ケーブルがない）
・自分に合った大きさ
・スムーズに動かせる

　オススメなのは、トラックボールマウスです。大画面でも瞬時にカーソルを移動できます。ノートパソコンについているタッチパッドは好みが分かれますので使いやすければ使いましょう。無理に使うとかえって効率が落ちます。

　私が使っているのはMacbookのトラックパッドやSurfaceBook2のタッチパッドです。操作性がよく、マウスすらいらないので、快適に使えています。

　そんな性能のいいマウスでもショートカットキーのほうが速い場合も多いので、その場合は、キーのみで操作しましょう。

●タッチ操作、音声操作の可能性

　タッチで操作できるパソコンやディスプレイなら、画面をタッチしてExcelを操作することもできます。クリックやマクロ実行のボタンを押す、拡大縮小などはタッチ操作が快適です。ぜひ試してみましょう。

　また、音声操作の可能性も大きなものです。Excelの操作ではまだ十分に使えませんが、音声入力なら、それなりに使えます。私は仕事で、音声入力を使っており、快適です。

　キー、マウス、タッチ、音声の中から最適なものを選んで操作することで、経理業務全体のスピードを上げることができます。

4 クイックアクセスツールバーを使ってみよう

■ショートカットキーをつくる

クイックアクセスツールバーを使うと、任意のショートカットキーをつくることできます。

クイックアクセスツールバーは、リボンの左上にある小さなアイコンです。標準設定では［新規作成］［元に戻す］［やり直し］というアイコンが置かれています（自動保存やタッチモードの切り替えがあるバージョンもあります）。

■クイックアクセスツールバーの位置

ここには好きなアイコンを置けるのです。

Altキーを押すと、クイックアクセスツールバーに数字が表示され、キーで操作できます。

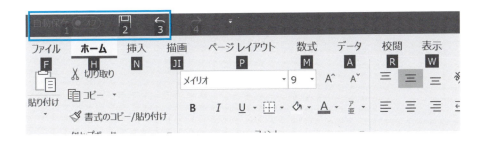

たとえば、一番左のアイコンならAlt→1というショートカットキーで操作できます（同時押しよりもAltを若干速く押す感覚です）。

■ クイックアクセスツールバーの設定

　クイックアクセスツールバーを設定するには、クイックアクセスツールバーの右側のアイコン（▼）をクリックし、［その他のコマンド］を選択します。

■クイックアクセスツールバーの設定

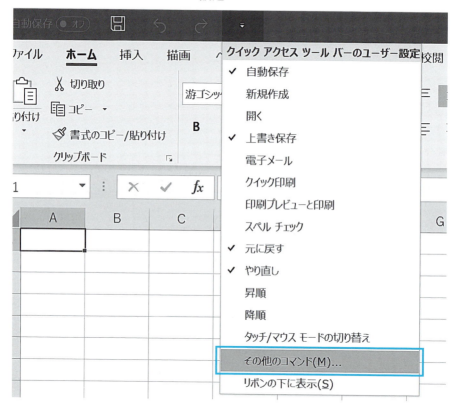

左側からコマンドを選び、[追加]を押すと追加ができ、右側で選択して[削除]を押すと削除ができます。

■クイックアクセスツールバーの設定方法

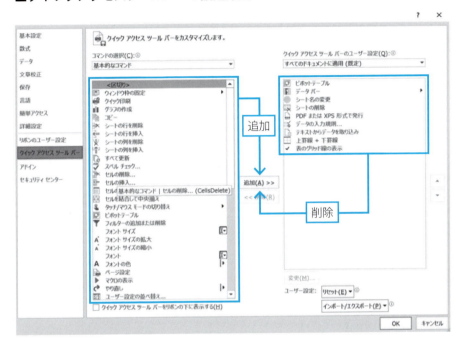

　基準としては、
　・ショートカットキーがない
　・アクセスキーがない
　・アクセスキーがあっても、キーの数が多い
といったものを置きます。
　次のようなものがおすすめです。
　・ピボットテーブル　（Alt→N→V→Enter というアクセスキーはありますが、よく使うので）
　・PDFの作成
　・データの入力規則

5 Excelのリボンで使っているもの

　ショートカットキー、アクセスキー、クイックアクセスツールバーを使っていると、リボンをほとんど使わずにすみます。
　それぞれのタブでどのくらい使っているかみてみました。

●ファイル
　一番左のファイルタブ。

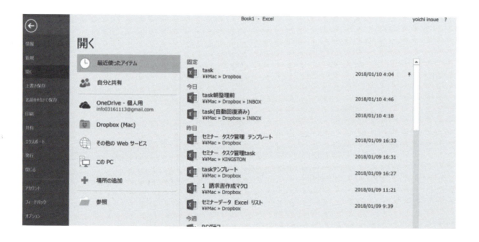

・新規作成　……　Ctrl + N
・上書き保存　……　Ctrl + S
・名前を付けて保存　……　F12
・PDFで保存　……　クイックアクセスツールバーまたはF12
・ファイルを開く　……　Ctrl + O

などを使えば、ここのタブをクリックで開くことはありません。

●ホーム
　「フォント」「フォントの色」「セルの塗りつぶし」はリボンを使わざるを得

ません。

条件付き書式もリボンを使います。

- ・インデント …… Alt → H → 6
- ・桁区切り表示 …… Ctrl + Shift + 1
- ・日付表示 …… Ctrl + Shift + 3
- ・％表示 …… Ctrl + Shift + 5
- ・セルの書式設定 …… Ctrl + 1
- ・並べ替え …… Alt → H → S → Enter
- ・テーブル …… Ctrl + T → Enter
- ・オートフィルター …… Ctrl + Shift + L
- ・オートSUM …… Alt + Shift + －
- ・検索 …… Ctrl + F
- ・置換 …… Ctrl + H

などといったものはショートカットキー、アクセスキーでの操作です。

●挿入

グラフは、ひとまず棒グラフをショートカットキーでつくってから、それを編集することが多いです（図形はほとんど使いませんし）。

- ・棒グラフ …… Alt + F1

・ピボットテーブル　……　Alt→N→V→Enter　（またクイックアクセスツールバー）

●描画

Excelのバージョンによってはこのタブがありタッチ対応PCとペンで使います。

●ページレイアウト

プリントアウト時の設定をします。

・印刷タイトル　……　Alt→P→I
・印刷の向き　……　Alt→P→O
・枠線の表示・非表示　……　クイックアクセスツールバー

●数式

ほぼ使っていません。

数式は直接入力するのをおすすめしています。

●データ

　使用頻度の低い、区切り位置やWhat-If分析（ゴールシーク）はリボンを使っています。

・テキスト取り込み　……　クイックアクセスツールバー
・データの入力規則　……　Alt → A → V → Enter

●校閲

　シート、ブックの保護は、ここを使いましょう。

●表示

　ほぼ使っていません。

・標準ビュー　……　Alt → W → L
・改ページプレビュー　……　Alt → W → I
・新しいウィンドウを開く　……　Alt → W → N
・整列（並べて表示）　……　Alt → W → A
・マクロ　……　Alt + F8

●開発

　マクロを書く場合に使うタブです。ただし、[挿入] でマクロを実行するボタンをつくるくらいにしか使っていません。

　このあとマウス操作になることを考えると、クリックしたほうが効率的だからです。

・Visual Basic　……　Alt + F11
・マクロ　　　……　Alt + F8

　Excelの操作を最適化することを目指し、キーでの操作を増やしていきましょう。

6 「開く」「閉じる」を やってみよう

Excelを開いてみましょう。

Windowsのスタートメニュー（ Windows キーを押す）からExcelを選んでください。このメニューには、よく使うものだけを表示するようにしましょう。

■ 使うソフトをスタートにピン留めする

使わないソフトは右クリックして［スタートからピン留めを外す］で表示させないようにしましょう。

■使わないソフトをメニューから外す

使うソフトは、メニューで、そのソフト名を右クリックして［スタートにピン留めする］で表示させます。

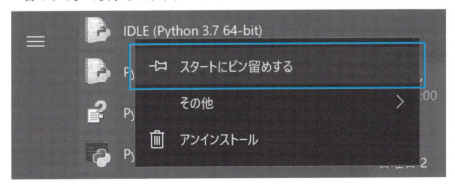

■ タスクバーへ常に表示させる

また、Excelを開いているときにタスクバー（画面下のバー）でExcelのアイコンを右クリックして、[タスクバーへピン留めする]で、タスクバーへ常にExcelを表示させることができ、このタスクバーのアイコンは「Windowsキー＋数字」で起動できます。

■タスクバーへピン留め

一番左にあれば、Windowsキー＋1、その隣なら、Windowsキー＋2です。

■「最近使ったもの」に常に表示させる

一度開いたExcelファイルは「最近使ったもの」に表示されます。ここで、ピンのアイコンをクリックすれば「ピン留め」、つまり常時表示できるようになるので便利です。

■タスクバーの［最近使ったもの］

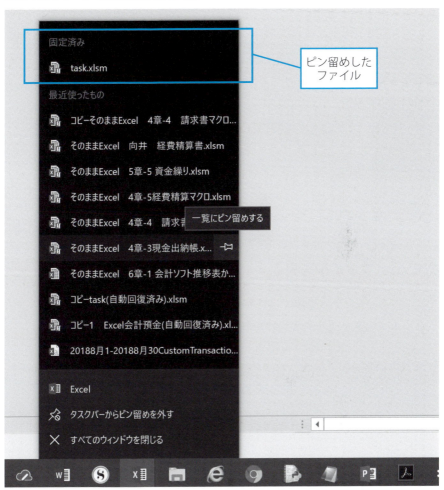

ファイルをすぐに開くことができます。

Excelファイルを開いている状態で、別のファイルを開くなら、Ctrl + O がおすすめです。ここでもピン留め（固定表示）ができます。
　新規ファイルを開くには、Ctrl + N を使いましょう。

■ Ctrl + O で開いた状態

■Excelファイルを開く

　Excelファイルを直接開くには Windows キーを押し、検索しましょう（検索できるようなファイル名をつけておくのが前提です）。

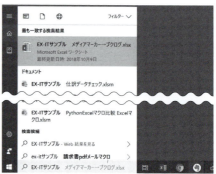

7 ファイルを保存してみよう

■ 新規ファイルを保存する

Excelファイルを保存してみましょう。

新規ファイルを開き（Ctrl + N）、セルA1に自分の名前を入力してください。このファイルを保存してみます。

新規ファイルですので、[上書き保存]ではなく[名前を付けて保存]です。

リボン（画面上部のメニュー）の[ファイル]をクリックし、[名前を付けて保存]をクリックして……とやってはいけません。マウスに手を伸ばし、カーソルをアイコンに持っていく……と手間がかかるからです。

この場合は、Ctrl + Wでファイルを閉じます。「ファイルを閉じたら保存できないじゃないか」と思われるかもしれませんが、これでいいのです。

■ Ctrl + W を押したところ

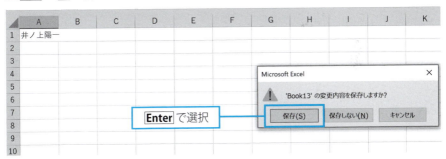

保存しないでファイルを閉じようとすると「Book○○の変更内容を保存しますか？」というボックスが出てきます。ここでEnterを押せば[保存]をクリックしたことになり、[名前を付けて保存]ボックスで保存できるのです。

※最新版のExcel（Microsoft365）の標準設定では、出てくるボックスが異なりますが、ファイル名をつけてEnterキーを押せば保存できます。

■ ［名前を付けて保存］ボックス

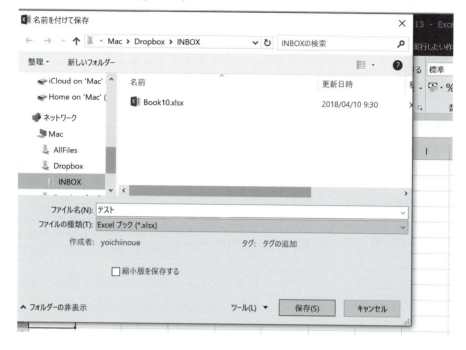

［名前を付けて保存］ボックスで最初に表示される場所（フォルダ）は、オプションで指定できます。Excelのオプションを開き（Alt→T→O）、［保存］で既定の場所を指定します。

この場所は、エクスプローラー［Windows］＋［E］で開き、アドレスをコピーして貼り付けましょう。

■保存場所のアドレスをコピー

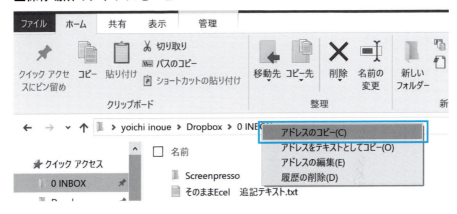

私は、DropboxフォルダのINBOXという名前のフォルダ（仮置きするフォルダ。名前は任意）を指定しています。

新たに作ったファイルはすべてここに入れ、必要なものは翌日朝にファイル名をきれいにつけて保存し、必要でないものは削除するのです。

仕事の合間にファイル名をきちんとつけようとするとうまくいかないことが多いのでオススメしません。その日に作ったファイル、ダウンロードしたファイルはいったん仮のフォルダに入れておきましょう。

ブラウザの設定で、ダウンロード先を設定しておくと便利です。

■ ファイルはこまめに保存する

Excelやパソコンは、急に固まったり、強制終了したりすることがあります。

上書きで保存する場合は、［Ctrl］＋［S］です。せっかく作ったファイルが強制終了でムダにならないよう、こまめに保存するクセをつけましょう。

■Excelのオプションで保存間隔を設定

(画面:Excelのオプション ブックの保存設定画面。「次の間隔で自動回復用データを保存する(A):」の値が「1」分ごと(M) に設定されている)

　Excelのオプション（[Alt]→[T]→[O]）で、［保存］の［自動保存］は初期設定だと［10分］になっていますが、これを［1分］（最短）にしておいてください。Excelが強制終了した、PCを強制終了せざるを得ないといったイザというときに復元できます。

8 ファイル、シートを整理しよう

Excelはファイル（ブック）、シート、セルから成り立っています。ファイル、シートをどう使うかで効率が変わります。

❶できるだけ１つのファイルに

Excelファイルには、複数のシートを入れることができます。シートをうまく使い、できるだけ１つのファイルにまとめましょう。たとえば、年で１つのファイル、月で１つのファイルに、というまとめ方があります。

複数のファイルのデータを集計したり、１つのファイルにまとめたりするには、それなりのスキルが必要です（マクロを使います）。必要なExcelスキルの難易度が上がりますので、そうならないように、ファイルを１つにまとめることを心がけましょう。

❷できるだけ１つのシートに

シートも多すぎると整理がむずかしくなりますので、できるかぎり1つのシートにまとめましょう。たとえば、月別にシートを分けずに、１枚のシートに入れたほうが集計しやすく、資料をつくりやすくなります。

複数のシートにあるデータを集めるのにも、それなりのスキルが必要です。整理しておけばそういったスキルは必要ありません。

❸ファイル名を明確につける

ファイル名には、わかりやすい名前をつけましょう。その際、日付は不要です。日付には作成した日、更新した日など複数の基準があり、かえって戸惑うこともあります。

Excelファイルはエクスプローラー（ Windows キー＋ E ）で見るようにしましょう（Excelの「最近使ったファイル」を使う場合以外）。エクスプローラーの表示設定を［詳細］にすれば、日付が表示され、新しい順に並べ替えることもできます。

■エクスプローラーで詳細表示

　ファイル名には、案件名・内容・年次といった情報があれば十分です。ファイル名は検索を意識しましょう。Windowsなら、Windowsキーを押せば検索できます。ネットで検索するように、ファイルを検索できるのです。そして検索されるように意識してファイル名をつけましょう。

❹シート名をきちんとつける
　シート名も適当にしておくと、どのシートに何があるか、必要かどうかがわかりません。不要なシートは削除しましょう。Excelのバージョンによっては、初期設定のシートは3枚です。Excelのオプション（Alt→T→O）の［基本設定］でシートの枚数を1にしておきましょう。

■新しいブックのシート数を変更するオプション

9 シートを使い分けてみよう

■ シートの使い方

●シート名の変更

　シートには「シート見出し」があり、シート見出しに「シート名」を入力します。シート名は、ダブルクリックまたは Alt→H→O→R で変更できます。シート見出しを右クリックすれば、見出しの色を変えることもできます。

■シート見出し

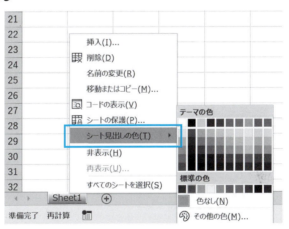

　同じファイル内で同じシート名をつけることはできません。次のようなエラーが出ます。

■シート名のエラー

●シートの移動、コピー

シートの移動は、マウスでドラッグ、シートのコピーは Ctrl を押しながらマウスでドラッグします。

別ファイルに移動するときも、ウィンドウを整列（p.45参照）させて、マウスで動かしたほうが速いです。

■シートのコピー

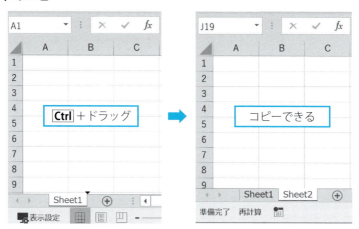

●シートの削除

シートの削除は、Alt → E → L → Enter 。シートを削除しようとすると警告が出ます。これはシートを削除すると元に戻せない（ Ctrl + Z ）からです。この警告で ESC なら削除をキャンセル、Enter なら削除になります。

■シートを削除したときの警告

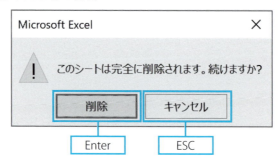

●シートの非表示

　シートを非表示にすることもできますが、オススメしません。非表示なのかどうかが一目でわからず、ミスの原因となるからです。

●シートの切り替え

　シートは次の方法で切り替えられます。
・マウスでクリックして切り替える
・マウスでシートの一番左を右クリックして一覧を表示→クリック

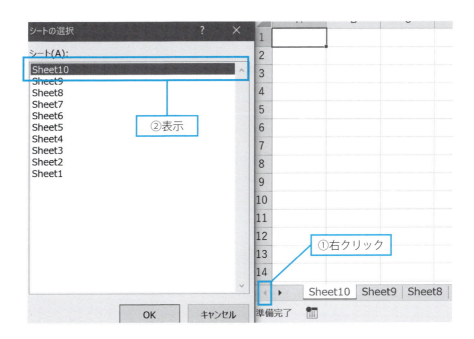

・ショートカットキー　Ctrl + PageUp （ページアップ）、Ctrl + PageDown
　（パソコンによっては、Ctrl + fn + ↑、またはCtrl + fn + ↓）

■ 複数のシートの選択

いま選択しているシートとは別のシートを Ctrl キーを押しながらクリックすると、いまのシートと別のシートの2つを選択できます。この状態で編集すると一度の操作でそれぞれのシートに反映されます。

■離れた場所にあるシートを複数選択

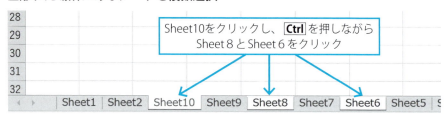

便利なようですが思わぬところまで変えてしまうこともあるので気をつけなければいけません。

Shift キーを押しながらシートを選択すると、いま選択しているシートからそのシートまでを選択できます。下図の場合は「Sheet2」を選択している状態で、Shift キーを押しながら「Sheet8」までを選択しています。

■連続してシートを選択

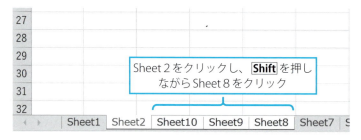

複数のシートを選択して削除、移動、コピーするのも便利です。印刷やPDF保存もまとめてできます。

10 複数のファイルを開いてみよう ～整列～

■ 同時に複数のファイルを開く

Excelでは、複数のファイルを同時に使うことができます。

ただし、マウスで、ファイルを切り替えたり整列させたりするのは、手間がかかりますので、やってはいけません。

・使うファイルを切り替えるには、[Ctrl]＋[Tab]（逆順は[Ctrl]＋[Shift]＋[Tab]）

他のソフト（ブラウザ、Wordなど）を切り替えるなら[Alt]＋[Tab]（逆順は[Alt]＋[Shift]＋[Tab]）。

・開いているファイルを左右に整列させるなら、[Alt]→[W]→[A]→[Enter]

■ファイルを並べて表示

・開いているファイルを上下に整列させるなら、`Alt`→`W`→`A`→`↓`→`Enter`を使いましょう。

　Excelのウィンドウを整列するなら`Windows`+`→`（または`Windows`+`←`）です。左右にウィンドウを寄せられます。他のソフトも同様にしてウィンドウを整理しましょう。

■ 複数のファイルを比較・編集する

　同じファイルでも別々のシートを同時に表示することができます。

　ショートカットキーは`Alt`→`W`→`N`→`Enter`です。画面上部のファイルタイトルに「:1」「:2」とつきます。

　さらに、ディスプレイをもう1つつなげるとより効果的です。それぞれの画面にExcel、その他のソフトをそれぞれ表示できます。このときも整列のテクニックは役立ちますので使ってみましょう。

11 ファイルサイズを意識しよう

■ ファイルサイズが大きい理由

Excelを使う上で大切なのが、ファイルサイズを意識することです。

今のPCはデータ容量も大きく、ファイルサイズを気にしなくてもいいくらいなのですが、それでもファイルサイズが大きいと、

・起動が遅い
・処理が重い

といったことが起きます。

その原因の1つは、PC。PCが古い、性能が低い、残りデータ容量が少ないと、Excelのファイルサイズに関わらず処理が重くなってしまいますので、まずは、PCに原因がないか確認し、次にExcelのファイルサイズを確認しましょう。

エクスプローラー（ Windows + E ）で［表示］→［詳細］にすれば、ファイルを一覧で見ることができ、サイズも表示されます。サイズが表示されていない場合は、エクスプローラーで次の図の位置を右クリックして［サイズ］を選択すれば表示されます。該当する重いファイルのサイズを確認しましょう。

■エクスプローラーでサイズを表示

エクスプローラーで Ctrl + F を押し、［検索ツール］を使えば、サイズで検索できますので、一度チェックしておきましょう。

■サイズでファイルを検索

　Excelファイルは、10MB（メガバイト）なら大きいと言えるでしょう。ファイルが重くなる要因は、
・データ量
・数式
・画像
などです。
　Excelは「1,048,576行×16,384列」のセルにデータが入りますが、すべてにデータが入っているとかなり重くはなります。

■ 不要なシートは削除する

　予期せぬことで、データ量が増えることもあるので気をつけましょう。

　Excelの右側のバーを見て、スライダー（ドラッグして動かす部分）が小さくなっていれば、それだけデータがあるということです。目に見えなくても不要なデータが入っています。この場合は、実際に目に見えるデータを新しいシートにコピーして貼り付け、元のシートを削除してみましょう。

　シートのコピーだと、そのまま重いデータもコピーされてしまいます。必ず範囲を指定しデータのみをコピーしてください。

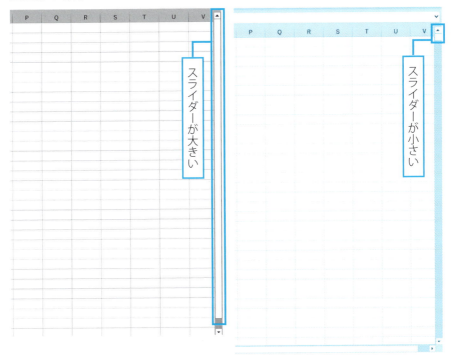

■通常の場合　　　　　　　■不要データが多い可能性あり

第 2 章

Excel への入力の基本

Excel には、数字や文字、日付といったデータが入力でき、
表をつくることができます。
効率のいい入力方法、表のつくり方を確認しましょう。

1 数字を入力してみよう

■ 数字の入力は「英数モード」で

Excelに数字を入力してみましょう。

パソコンの入力には、日本語モードと英数モードがあります。日本語入力モードでも数字を入力することはできますが、[Enter]キーを2回押さなければいけません。英数モードに切り替えて入力するようにしましょう。

モードを切り替えなくても英数モードで数字を入力するには、［入力規則］という機能を使います。

数字を入力したい部分（セル、行、列など）を選択し、[Alt]→[A]→[V]→[Enter]で、データの入力規則ボックスを表示し、［日本語入力］タブの［オフ］を選べば半角英数字しか入力できなくなります。

■半角英数字のみ入力する設定

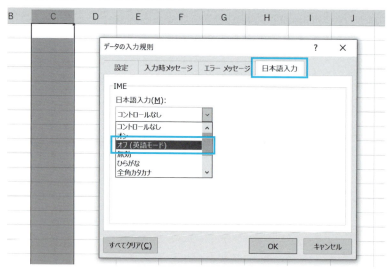

その範囲にカーソルを置くと自動的に入力モードが切り替わるのです。

■ カンマを入れるには

数字にカンマをつけたい場合は、書式を変更します。

セルには、3つの層があり、1つ目が「書式（見た目）」、2つ目が「数値・文字」、3つ目が「数式」です。3つ目の層には何も入らない場合があります。

■セルの3つの階層

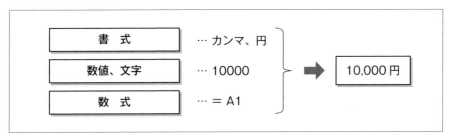

通常、1つ目の書式は、［標準］が設定されており、Excel側で自動的に判断して書式を設定してくれることもあります。

数字や文字を入力すると、2つ目の層に書き込まれます。数字「10000」を入力すると、2つ目の層は「10000」、1つ目の層は「標準」です。これを1つ目の層＝書式を「数値（桁区切り）」にすれば、「10,000」となります。

カンマをつける、つまり桁区切りにするには、 Ctrl + Shift + 1 を押しましょう。押しにくいショートカットキーですが、左手の親指で Shift 、左手の小指で Ctrl 、左手の薬指で1を押せばやりやすくなります。

カンマを付けるときに、2つ目の層へ「10,000」と入力してはいけません。あくまで書式（1つ目の層）で変えていきましょう。

手間が減り、その後、応用もきくからです。

●数字を千円単位で表示するには

数字を千円単位で表示したい場合も多いものです。その場合は、1000で割って計算することをしてはいけません。手間もかかり、1000円単位で計算すると

集計したときに実際とズレが出てくるからです。円単位で計算し、あくまで書式だけが千円単位になるようにしましょう。

書式を千円単位にするには、書式を変更したい範囲（セル、列、行）を選択して、セルの書式設定（Ctrl + 1）を開き、［表示形式］の［ユーザー定義］を選び、［種類］に「#,##0,」と入力します。

［サンプル］の表示が変わったのを確認（10000→10）して、Enterキーでボックスを閉じましょう。

■千円単位の設定

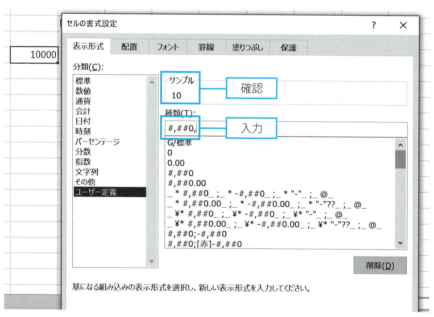

■ セルの編集

　セルの編集をするときは、F2キーを押します。この場合は、編集するカーソルは、セルの数値・文字の一番後ろ（右）です。

■F2を押したときのカーソルの位置

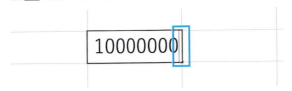

　マウスでダブルクリックして編集をするときは、ダブルクリックした位置に編集するカーソルがきます。

■ダブルクリックしたときのカーソルの位置

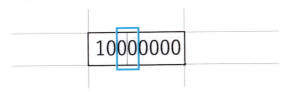

　場合に応じて使い分けましょう。長文をセルに入れていない限り、F2キーがオススメです。

　BS（バックスペース）キー、Deleteキー（デリート、削除）は、セルをクリックして押す場合は、同じようにセルの内容を消せます。

　これらのキーの結果が異なるのはセルを編集するときです。セルの編集中、BSキーはカーソルの前にある1文字を削除し、Deleteキーはカーソルの後にある1文字を削除します。

　この違いに気をつけましょう。

2 文字を入力してみよう

■ 文字入力は「日本語」モードで

　文字を入力する場合には、日本語モードで入力します。
　ここで、カタカナの取扱いを確認しておきましょう。
　ひらがなは全角のみですが、カタカナは半角・全角があります。ビジネスで使うのであれば、カタカナは全角にします。半角カタカナはビジネス上好ましくありません。
　一方、数字は半角です。ときには全角数字での入力を要求されることもありますが、Excelで使うときは半角に統一しましょう。
　もし、0が付いた「001」といった表示にしたいときは、文字列という扱いになります。「001」と入力すると、1となってしまうので、「'001」と入力する方法がありますが、オススメしません。
　Ctrl + 1 のセルの書式設定で、［表示形式］の［種類］を「000」としておきましょう。これなら「1」と入力すれば、「001」と表示されます。「NO.1」「Vol.1」なども同様に設定可能です。

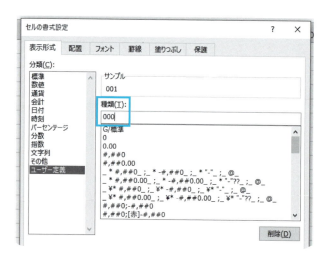

■ 日本語モードで、英単語を入力する

「Excel」といった英単語を入力する場合、日本語モードから英数モードに切り替えるのは手間がかかります。「Excel」という単語だけならまだいいのですが、「Excelを使う」「Excel入門」という場合には、明らかに手間です。

そこで日本語モードのまま、「Excel」と打つようにしましょう。
日本語モードで「E,X,C,E,L」と入力すると、「えxせl」となりますが、F10 キーを押せば「excel」となり、F10 キーを押すたびに「EXCEL」→「Excel」と変わるのです。

この操作を使うか、予測変換候補として出てくる「Excel」を Tab キーで選択しましょう。

■ 文字入力は、かな？ ローマ字？

パソコン全般にかかわる問題として、文字入力を「かな入力」にするか「ローマ字入力」にするかというものがあります。

「IF」や「VLOOKUP」といった関数を入力する場合はローマ字入力ですし、マクロを使うならローマ字入力＝アルファベット入力です。

応用が効くローマ字入力を使いましょう。

3 日付を入力してみよう

■ 日付の表示

「5月1日」という日付を入力するなら、「5-1」または「5/1」と入力しましょう。カーソルをあててみると、画面上部の数式バーには、「2017/5/1」と表示されています。

■セルと数式バーのちがい

日付は、年、月、日から成り立つものであり、この場合の年（2017）は、入力した年となります。

前年の日付、たとえば2018年になってから2017年の日付を入力するときは、気をつけなければいけません。

■ 日付データのしくみ

日付は、特殊なデータ構造になっています。

1つ目の層（書式）は「西暦年、月、日」や「平成年、月、日」といったもの。

2つ目の層（数値・文字）は「2017年5月1日」なら「42856」。これは、1900年1月1日からカウントした数値です。この数値をもとに日付でも計算できます。

3つ目の層（数式）には「2017/5/1」というものが入ります。日付のセルを

選択したときに、数式バーにはこの「2017/5/1」が表示されるはずです。

■「5-1」と入力した場合（2017年に）

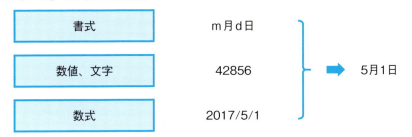

■「2017/5/1」と入力した場合

　日付には様々な形式があります。

　たとえば「2017/5/1」と表示したいときは、[Ctrl]+[Shift]+[3]で変更しましょう。最初から「2017/5/1」と表示するなら、「17/5/1」または「17-5-1」と入力すれば、Excelが1つ目の層（書式）を判断してくれます。

　「2017年5月1日」と入力したいなら、「2017年5月1日」と入力すれば、書式も「2017年5月1日」となってくれます。

　「平成29年5月1日」でも同様です。「h29-5-1」だと、「H29.5.1」という書式になるので注意しましょう。

　もし、「2017/5/1」を「2017年5月1日」に変更したいなら、[Ctrl]+[1]でセルの書式設定ボックスを表示させ、［表示形式］タブの［日付］→［種類］で［2012年3月14日］を選択すれば、「2017年5月1日」に変更できます。

■日付の書式を変更

「2017年5月」と表示させたいなら「2017年5月」と入力しましょう。「2017-5」だと、「May-17」と表示されてしまうからです。オートフィルで連続データも作ることができます。

■ 曜日の表示

曜日を表示するにはどうしたらいいのでしょうか？
・曜日を判断して、人が入力する
・関数を使って入力する
という方法ではなく、書式で設定できます。

Ctrl + 1 でセルの書式設定ボックスを開き、［表示形式］タブの［分類］から［ユーザー定義］を選び、［種類］で「yyyy"年"m"月"d"日"(aaa)」と入力しましょう。

（aaa）は、（月）、（aaaa）だと（月曜日）という書式です。

■曜日を表示する設定

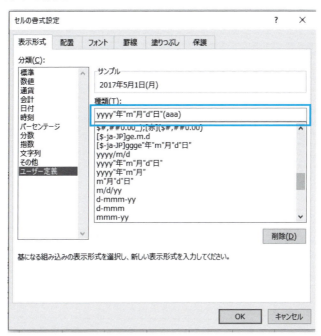

4 コピーしてみよう

Excelにデータを入力するには、3つの方法があります。

① 直接入力する
② コピーする
③ 数式、関数を使う

このうち①の「直接入力する」ことは、極力避けましょう。②のコピーや③の数式・関数を使ったほうがラクでミスが減ります。
ここではコピーを確認しましょう。

■ ショートカットキーで効率的にコピーする

コピーは、Ctrl + C です。
これ以外の方法は効率が落ちるので使ってはいけません。確実に、キーボードを見ずに Ctrl と C を押せるようになりましょう。
コピーしたものを Ctrl + V で貼り付けます。
書式を含まず、2つ目の層（数値・文字）のみコピーしたいときは、Ctrl + C のあと、Ctrl + V で貼り付けて、Ctrl を押し表示されるアイコン（貼り付けオプション）で［値］を選ぶ（V を押す）という方法があります。

■値のみ貼り付け

貼り付けオプションの［値］は、Vで選択できるので、Ctrl + C、Ctrl + V、Ctrl、Vで、値のみ貼り付けができます。

　真上のセルをコピーするならCtrl + D。複数コピーするなら、その貼り付けたい範囲を選択してCtrl + Dを押しましょう。左のセルをコピーするならCtrl + Rです。
　これらのコピーは書式もコピーしてします。

■セルA4の「100」をA5からA14へCtrl + Dでコピー

4	100
5	100
6	100
7	100
8	100
9	100
10	100
11	100
12	100
13	100
14	100

①Shiftキーを押しながら↓で選択
②Ctrl + D

■ セルの右下をドラッグ

　セルの右下をドラッグしてコピーすることもできます（フィルといいます）。この場合、Excel側でどうコピーするか判断してくれる（してしまう）ので、その判断を変更したいなら、コピー後に人間が指示しましょう。

　ドラッグ後に表示されるアイコン（フィルオプション）をクリックすれば、セルのコピーなのか、連続データのコピーなのか、1年ずつ増やすのか、などが選べます。

　このコピーは1つ目の層（書式）を含んでコピーしますので、書式をコピーしたくないときは、アイコンで［書式なしコピー］を選びましょう。

■ ファイル、シートのコピー

　ファイルをコピーする場合は、エクスプローラーでやると便利です。ファイルを選択して Ctrl + C → Ctrl + V でできます。

　マウスでドラッグした場合、同じディスクなら移動、違うディスクならコピー、 Ctrl +ドラッグならディスクにかかわらず、コピーです。

　シートをコピーするなら、 Ctrl キー+ドラッグでやりましょう。

5 データを置換してみよう

Excel内で特定のデータを探したり、置換（置き換え）したりする方法もあります。

■ データの検索

検索は、**Ctrl** + **F** です。

■ **Ctrl** + **F** で表示

外部へのリンクがある場合は、ファイルを開いたときにこのような表示がでてきます。どこにリンクがあるかわからないときは、検索（**Ctrl** + **F**）で、「[」を検索しましょう。

■外部へのリンクがある場合の警告

■「 [」を検索

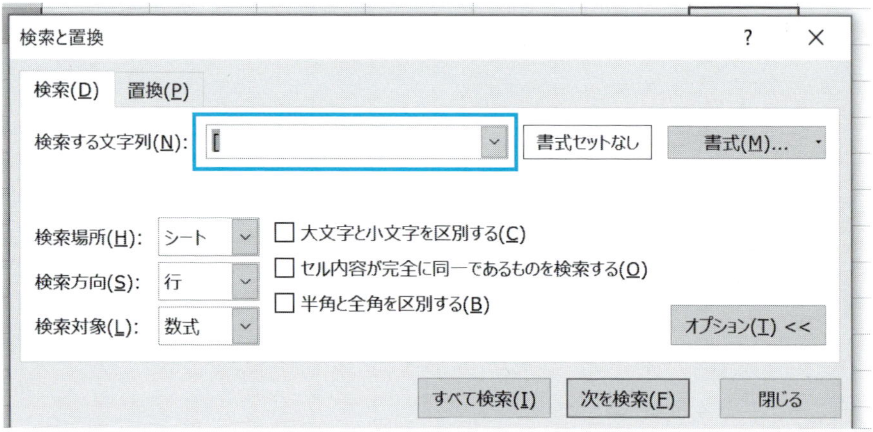

外部ファイルへのリンクは、「 [」が使われているからです。

■外部ファイルへのリンク

```
='¥¥Mac¥Dropbox¥そのままExcel　事例¥[売上分析　事例.xlsx]Data'!$I$11
```

■ データの置換

データを置き換えるのは置換（ Ctrl + H ）です。

Ctrl + H → 検索する文字を入力して Tab → 置換する文字を入力して Tab → Enter ですばやく置換できます。

次のようなデータを入力する際（入力自体は好ましくありませんが）、多く出てくるデータは空白にしておいて、あとで空白を置換すると楽です。

■ノートパソコンが入るセルを空白に

	A	B	C	D	E
1	日付	商品	担当	店舗	金額
2	12月1日	カメラ	山田	新宿	45,000
3	12月1日		森山	本店	210,000
4	12月2日	USBメモリ	尾崎	本店	3,960
5	12月3日	Excel	鈴木	渋谷	19,500
6	12月4日	Word	森山	池袋	7,800
7	12月5日	ファックス	尾崎	本店	19,800
8	12月6日	カメラ	川上	渋谷	39,800
9	12月6日		山田	新宿	252,000
10	12月7日	USBメモリ	山田	本店	2,980
11	12月7日	ケーブル	森山	本店	3,960
12	12月7日		森山	新宿	105,000
13	12月8日	カメラ	森山	渋谷	84,000
14	12月8日	プリンタ	山田	本店	89,400
15	12月9日		川上	池袋	149,400

空白を「ノートパソコン」に置換すると、

■ Ctrl + H で置換

セルの空白に「ノートパソコン」を入力できます。

■置換後の画面

	A	B	C	D	E
1	日付	商品	担当	店舗	金額
2	12月1日	カメラ	山田	新宿	45,000
3	12月1日	ノートパソコン	森山	本店	210,000
4	12月2日	USBメモリ	尾崎	本店	3,960
5	12月3日	Excel	鈴木	渋谷	19,500
6	12月4日	Word	森山	池袋	7,800
7	12月5日	ファックス	尾崎	本店	19,800
8	12月6日	カメラ	川上	渋谷	39,800
9	12月6日	ノートパソコン	山田	新宿	252,000
10	12月7日	USBメモリ	山田	本店	2,980

Microsoft Excel
90 件を置換しました。
OK

■ 日付の「年」を置換

　また、日付の入力では、入力した日の年が入ります。2018年に入力すれば、2018年になるのです。

　2018年1月以降に、2017年12月のデータを入力しようとすると、実は、「2018年12月」になっていることがあります。

■数式バーで「年」を確認

A2　　fx　2018/12/1

	A	B	C	D	E
1	日付	商品	担当	店舗	金額
2	12月1日	カメラ	山田	新宿	45,000
3	12月1日	ノートパソコン	森山	本店	210,000
4	12月2日	USBメモリ	尾崎	本店	3,960
5	12月3日	Excel	鈴木	渋谷	19,500
6	12月4日	Word	森山	池袋	7,800

見た目は変わりませんが、データ処理をする場合、これは非常に好ましくありません。事業年度も変わるので、データを会計ソフトにインポートする際にエラーになります。この場合、12月のデータを一括して次のように置換しましょう。

■「2018」を「2017」に置換

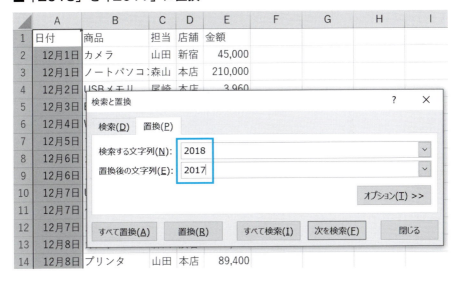

　前年の入力をするときは、「17-12-1」(2017/12/1になる) とするよりも、「12-1」(2018/12/1になる) として、あとで一括して置換したほうが楽です。

6 表をつくってみよう

■「表」の基礎

　Excelで表をつくってみましょう。
　まず、表の構造を確認すると、Excelには行（横）と列（縦）があります。行という漢字の「二」の部分で横と覚えましょう。

　行は1、2、3……と数字で表し、列はABC…とアルファベットで表し、セルA1だとA列の1行目になります。Excelがこのような構造になっている理由は、表をつくるからです。
　1行1列の表もあれば、10行2列の表もあり、行と列の組み合わせにより、見やすくわかりやすくするのが表です。
　たとえば、
　「iPhone 8 Plusは価格が9.6万円、重さは202グラム」
　「iPhone 7 Plusは価格が8万円、重さは188グラム」
と書くよりも、表にしたほうが一目でわかります。

■ 比較表

	A	B	C	D
1		iPhone 8 Plus	iPhone 7 Plus	iPhone X
2	価格（消費税込）	96,984（64GB） 115,344（256GB）	80,784（32GB） 92,664（128GB）	121,824（64GB） 140,184（256GB）
3	大きさ（mm）	158.4×78.1×7.5	158.2×77.9×7.3	143.6×70.9×7.7
4	重さ（g）	202	188	174
5	レンズの明るさ	広角f/1.8 望遠f/2.8	広角f/1.8 望遠f/2.8	広角f/1.8 望遠f/2.4
6	カメラ機能	ポートレート、スローシンクロ、ポートレートライティング	ポートレート	ポートレート、スローシンクロ、ポートレートライティング、フロントカメラポートレート
7	チップ	A11	A10	A11
8	カラー	シルバー、スペースグレイ、ゴールド	ジェットブラック、シルバー、スペースグレイ、ゴールド、ローズゴールド	シルバー、スペースグレイ
	ディスプレイ	5.5インチ Retina HDディスプレイ True Toneディスプレイ	5.5インチ Retina HDディスプレイ	5.8インチ Super Retina HDディスプレイ True Toneディスプレイ

（タイトル）

　このとき「iPhone 8 Plus」「iPhone 7 Plus」「iPhone X」を行のタイトル（見出し）、「価格」「重さ」「特徴」を列のタイトル（見出し）といいます。場合によってはタイトルをつけない場合もありますが、表は、タイトルと値で成り立つものと思っておいてください。

実際に表をつくってみる

　では、表をつくってみましょう。
　まっさらなExcelファイルを開き、行のタイトル、列のタイトルを入れていき、その後に値を入れていきます。

■ タイトルを入力

	A	B	C	D	E
1		iPhone 8 F	iPhone 7 F	iPhone X	
2	価格（消費税込）				
3	大きさ（mm）				
4	重さ（g）				
5	レンズの明るさ				
6	カメラ機能				
7	チップ				
8	カラー				
9	ディスプレイ				
10	その他				

これでひとまず完成で、あとは、罫線や大きさの調整、色などのデザインをやっていきましょう。
　ポイントは、文字や数値の入力とデザインを分けることです。
　最初から罫線を引いて、色を決めてとやるとかえって時間がかかります。罫線を引くだけならシンプルに、タイトルの下または右に引くだけでも十分です。すべてのセルに罫線を引くと見づらくなります。

	A	B	C	D
1		iPhone 8 Plus	iPhone 7 Plus	iPhone X
2	価格（消費税込）	96,984（64GB） 115,344（256GB）	80,784（32GB） 92,664（128GB）	121,824（64GB） 140,184（256GB）
3	大きさ（mm）	158.4×78.1×7.5	158.2×77.9×7.3	143.6×70.9×7.7

　また、自分で見るだけ、あるいは画面上で見せるだけなら罫線や凝ったデザインは必要ありません。もともとある枠線で、ある程度は十分です。
　デザインにはp.106のテーブルをオススメします。
　表の作成で注意したいのは、数値は集計すること（直接入力しない）です。数値を直接打っていては、いくら時間があってもたりません。p.113のピボットテーブルを使って、データから集計するようにしましょう。
　なお、セルの中で改行するには Alt + Enter を使います。

7 印刷してみよう

　Excelのシートを印刷するときには、次のような問題がよく起こるのではないでしょうか？

　その対策とともに示します。

■ ページからはみ出る場合

　1ページで印刷したつもりが、ちょっとだけはみ出てしまい、2ページになってしまうことはよくあります。表やデータを作っているときについつい当初の範囲を超えてしまうのです。

　解決策は2つあります。

　まず、Ctrl + P で印刷プレビューを表示し、［シートを1ページに印刷］を選べば、1ページに収まるように印刷されます。

■ Ctrl + P を押したところ

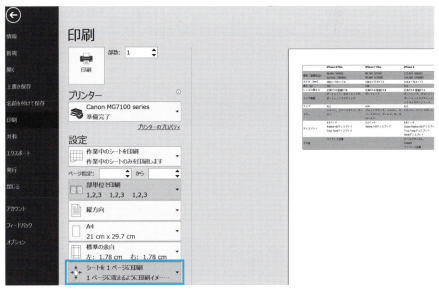

また、印刷前に「改ページプレビュー」で確認すれば、文字や数字がはみ出ているかどうかがわかります。改ページプレビューは、画面右下のアイコンをクリックするか、Alt→W→Iという操作です。

■改ページプレビュー

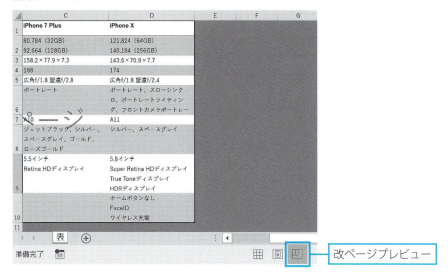

　もし、はみ出ていれば、改ページプレビューで「ページ区切り（点線）」をドラッグすれば調整できます。
　この場合も文字や数字が小さくならないように気をつけましょう。

■ セルからはみ出る

　セルから文字や数字がはみ出るときは、列の境目をドラッグして調整しましょう。ダブルクリックなら自動調整できます。

■セルの幅の調整

　文字や数字を小さくする、セルのなかで折り返す方法もあります。

■ タイトルが表示されない場合

　印刷して2ページ以上になる場合、2ページめ以降には行タイトル（見出し）が表示されません。だからといって行タイトルをコピーして挿入してはいけません。

　リボンの「ページレイアウト」の［印刷タイトル］をクリックして、タイトルとして表示したい行を選択すれば、すべてのページにそのタイトルが表示されます。

■タイトル行の設定

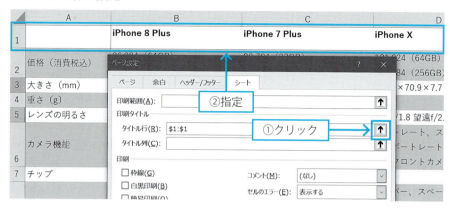

またはテーブル（p.106）を使いましょう。テーブルならタイトル行を固定してくれます。

　なお、前提として、印刷することが必要かどうかも考えるべきです。ウィンドウをうまく使えば画面上で済む場合もあります。

第 3 章

Excel の計算の基本

Excel を使いこなせば、
ミスなく効率的に計算できます。
数式、関数の基本を確認しましょう。

1 計算してみよう

■「数式」とは

　Excelの計算では、数式を使います。Excelは、セルに入力されたものが、数値・文字なのか、数式なのかを「=」が頭についているかどうかで判断します。

　「10000」と「=10000」は同じ結果を示しますが、「10000」は2つ目の層（数値・文字）に入力、「=10000」は3つ目の層（数式）に入力されているのです。

　「10000＋5000」と入力すると、「10000＋5000」と表示されます。これは2つ目の層に入力された文字です。数式として入力するなら、「=10000＋5000」と入力しなければいけません。

・1つ目の層（書式）は標準
・2つ目の層（数値・文字）は「15000」
・3つ目の層（数式）は「=10000+5000」

で、表示は「15000」になります。「15000」を桁区切りにしたいなら、Ctrl＋Shift＋1を使います。

■ 数式を表示する

　「15000」のセルにカーソルを置くと、数式バーに数式（=10000＋5000）が表示されます。

■数式バーの表示

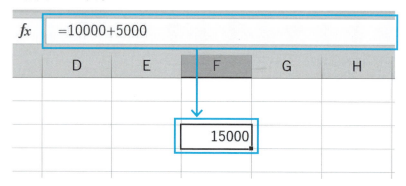

そのセルに数式が入っているかどうかは重要な情報です。自分がつくったファイルはもちろん他人がつくったファイルでも確認しましょう。
　数式を表示したいなら Ctrl + Shift + @ というショートカットキーもあります。一時的にセルの幅が広がりますが、Ctrl + Shift + @ を再度押せば元に戻るので焦らないようにしましょう。

■ Ctrl + Shift + @ を押したところ

E	F	G
	=10000+5000	

数式はセルで指定する

　ここでは、数式の解説のために、セルの中に

= 10000+5000

という数式を入力しました。
　しかしながら、数式をそのまま入力するのはおすすめしません。わかりにくくなり、ミスの可能性もあるからです。
　数式に使う数値もExcelに入力するようにしましょう。
　たとえば、セルA1に10000、セルA2に5000と入力し、セルC1で足すということです。この場合、セルA1とセルA2を足すという意味で、

= A1+A2

と入力します。
　なお、このセルの指定は、大文字でも小文字でもかまいません。

通常は、

=a1+a2

と入力します。

■セルで指定した数式

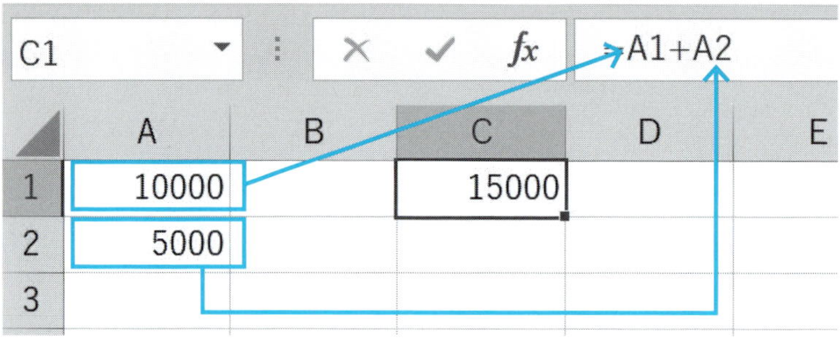

	A	B	C	D	E
1	10000		15000		
2	5000				
3					

C1: =A1+A2

■ 数式を直接入力する

　数式は、マウスでクリックして入力することもできますが、直接入力するクセをつけましょう。今後、プログラミングをやるときに（誰にでも可能性はあるでしょうから）役に立ち、直接入力のほうが明らかに速いからです。
　その他、プログラミングに必要な
・正確にルール通り入力する
・セルの位置を自分で確かめ、指定できる
・後述する関数（SUMやIF）を入力することで、アルファベットに慣れる
などといったことが身につきます。

■ 方向キーを使って数式を入力

　数式を入力するときは、方向キーをうまく使いましょう。
　上記の例では、

セルC1に「=」を入力
↓
←を2回押す(セルA1が選択される)

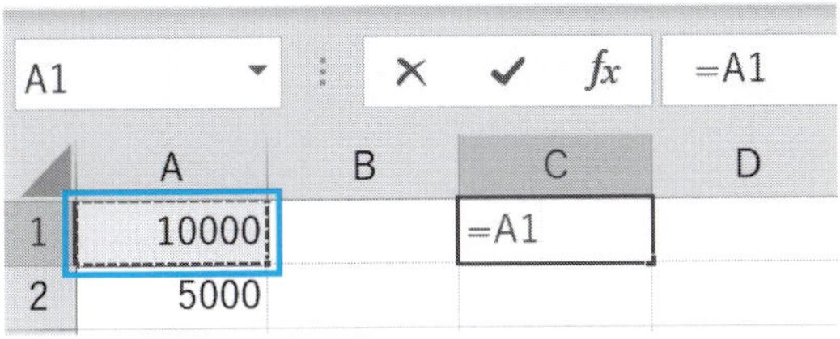

	A	B	C	D
1	10000		=A1	
2	5000			

数式バー: =A1

↓
「+」を入力
↓
←を2回、↓を1回押す(セルA2が選択される)

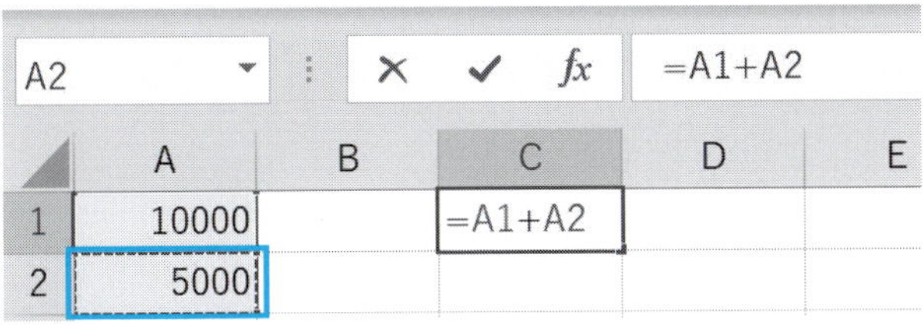

	A	B	C	D	E
1	10000		=A1+A2		
2	5000				

数式バー: =A1+A2

↓
Enter キー

リボンの［数式］の［参照元のトレース］を選べば（Alt→M→P）、数式のもととなっているセルを矢印で示してくれます（Alt→M→A→Enterで矢印を削除できます）。

■参照元のトレース

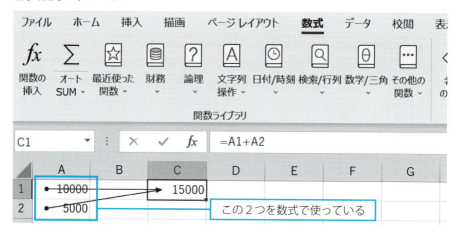

2 関数を使ってみよう

■ 関数とは

　セルA1の「10000」とセルA2の「5000」を合計してセルA3に表示させるには、「＝A1＋A2」と入力すればいいのですが、合計する数字が3つ、4つ……と増えてくると、数式を入力するのも大変です。

　そこで関数を使いましょう。

　関数は、数式を簡単に入力できたり、特殊な計算や処理をしたりすることができる機能です。

　「＝関数名（）」という形式をとります。

　関数を入力する場合は、「＝」から入力するようにしましょう。

■ 合計値を計算するSUM（サム）

　SUMとは、合計する関数です。

```
＝SUM（合計する範囲、数値）
```

　「＝A1＋A2＋A3」を「=SUM(A1,A2,A3)」や「=SUM(A1:A3)」と入力すれば、同じ結果となります。

　A1からA100を合計する場合でも、「=SUM(A1:A100)」ですむわけです。

　なお、このSUMもsumと入力してもかまいません。関数はすべて小文字でも問題ないのです。

　関数最後の「）」は入力せずに Enter を押してもかまいません。関数の組み合わせによっては警告が出ることもありますが、ほとんどの場合、最後の「）」を省略できます。

　合計する関数SUMだけは、ショートカットキー（ Alt ＋ Shift ＋ - ）がありますので、これを使いましょう。

次の画像のように、セルA3にカーソルを置き、[Alt] + [Shift] + [-]を押せば、SUM関数を入力できます。そのまま[Enter]キーを押しましょう。

■[Alt] + [Shift] + [-]を押したところ

	A	B	C	D	E
1	10000				
2	5000				
3	=SUM(A1:A2)				
4	SUM(数値1, [数値2], ...)				
5					
6					
7					

　ここでExcelのクセを確認しておきましょう。SUM関数の入力で、なぜセルA1とA2を足してくれたのか……。

　たとえば、セルA1に「10000」、セルA2は空白、セルA3が「5000」のときに、セルA4で[Alt] + [Shift] + [-]を押すと、セルA3しか計算範囲に入れません。

■空白の行があると正しく認識しない例

	A	B	C
1	10000		
2		空白	
3	5000		
4	=SUM(A3)		
5	SUM(数値1, [数値2], ...)		
6			
7			

Excelは、セルに数値・文字が入っている場合に限り同じひとかたまりと考えるのです。

　上記の場合は、セルA2が空白ですので、セルA3だけをデータと考えてしまいます。人間が見れば、セルA1まで足してくれるのでしょうが、Excelはそうではありません。

　しかし、これを「融通がきかない」と捉えてはいけないのです。Excel、PCとはそういうものなのです。決まったルールを着実に守ってくれますし、ミスもありません。

　Excelを使う人間が、そのルールに合わせて使いこなせばいいだけです。

■ 選択するだけで合計を表示

　合計を知りたいだけなら、その範囲を選択するだけで、Excelの右下に合計、個数、平均が表示されます。

　検算や確認に使ってみましょう。

■セルを選択して合計を表示

もし合計が表示されていない場合は、Excelの下のバー（ステータスバー）を右クリックして選択しましょう。

■ステータスバーの設定

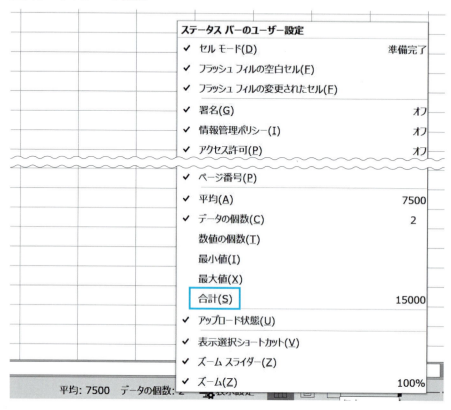

3 IFの使い方 〜条件で処理を分ける〜

■ IF

IF（イフ）は、条件により異なる処理を行なう関数です。

=IF（条件式,条件に該当する場合,しない場合）

次の例では、B列のセル（売上高）が5,000より大きければ、1を表示し、5,000以下であれば、0を表示しています。

■IFで条件別に処理

	A	B	C	D
	取引先	売上高		
1				
2	a	1,000	0	
3	b	600	0	← 5,000以下
4	c	5,000	0	
5	d	3,000	0	
6	e	5,400	1	← 5,000超

C2: =IF(B2>5000,1,0)

等号、不等号の使い方は次のとおりです。

　＝：一致する
　＞：大きい
　＜：小さい
　＝＞：以上
　＝＜：以下
　＞＜：一致しない

なお、数式に文字列が含まれる場合は注意が必要です。

数式内の文字列には、「"」(ダブルコーテーション)を必ずつけましょう。

次の例は、所在地(C列)が東京都であればD列に"○"を、そうでなければ、"×"を表示させています。

■IFで「○」「×」を表示

	A	B	C	D	E
1	取引先	売上高	所在地		
2	a	1,000	東京都	○	
3	b	600	千葉県	×	東京都
4	c	1,600	東京都	○	
5	d	3,000	神奈川県	×	東京都以外
6	e	2,400	埼玉県	×	

D2: =IF(C2="東京都","○","×")

IFの要素を持つ関数には、次のようなものがあります。

・SUMIF(サムイフ)……検索して条件にあった数値を合計する

=SUMIF(検索する範囲、検索条件、合計する範囲)

・SUMIFS(サムイフス)……複数の条件にあった数値を合計する

=SUMIFS(合計する範囲、検索する範囲1、検索条件1、検索する範囲2、検索条件2…)

・COUNTIF(カウントイフ)……条件にあった数値の個数を数える

=COUNTIF(カウントする範囲、検索条件)

これらを私は、ほとんど使いません。後述するピボットテーブルを使っているからです。ピボットテーブルを使えば、関数を覚えなくてもすみます。ぜひ、身につけましょう。

4 端数処理に使う関数
～電卓と端数が異なる場合～

　Excelを使うときに電卓で計算しないようにしましょう。Excel内で計算するようにしたほうが、ミスも減り、Excelが上達します。使うなら、Excelでしくみをつくる際の検算くらいです。
　検算の段階で、「Excelと電卓の結果が違う」ということがあるかもしれません。その理由の1つは、Excelの表示方法です。

■ 小数点以下は表示されない

　画面上「879」と見えても、実は「879.491」の場合があります。Excelの標準設定では、小数点以下を表示しないためです。
　この状態で「50」をかければ「879.491×50＝43974」となるのですが、「879×50」に見えてしまいます。電卓で検算すると「879×50＝43950」となり、Excelと違ってくるのです。

■端数による計算結果の違い

	A	B
1	879.491	879
2	50	50
3	43974.55	43950
4		

　Excelは「879.491」の小数点以下を四捨五入して「879」と表示します。このような違いをなくすには、Excelで端数処理をするようにしましょう。

■ 端数処理

端数処理の関数は主に次の4つです。
　・ROUND（ラウンド）　……　四捨五入
　・ROUNDUP（ラウンドアップ）　……　切り上げ
　・ROUNDDOWN（ラウンドダウン）　……　切り捨て
　・INT（イント）　……　切り捨て

端数処理のルールがあれば、そのルールに従いましょう。特にルールがなければ「INT」がオススメです。関数が短く、入力しやすいからです。

INTとROUNDDOWNでは、数値がマイナスのときの処理が異なりますが、プラスのときは同じ結果になりますので、通常の仕事上（数量、金額）では問題ありません。

■「100.2」と「-100.2」をINTとROUNDDOWNで処理

	A	B	C	
1		100.2	-100.2	
2	INT	100	-101	異なる
3	ROUNDDOWN	100	-100	

消費税の計算でも、「=INT（）」がおすすめです。

■INTで端数処理

端数があると、Excelデータを会計ソフトへ取り込む場合にもエラーの原因となります。見た目だけで判断せず、データとして扱いましょう。

5 文字を処理する関数

関数は文字列を操作することもできます。システムからエクスポートしたデータや、他の人が入力したデータの不揃いを揃えるのに便利です。これらもぜひ覚えておきましょう。

■ TRIM

TRIM（トリム）は、セル内の余分な空白を除去する関数です。

= TRIM（文字列）

セル内に空白があると、VLOOKUP関数やIF関数でエラーが出る原因となります。

たとえば、次の例ではセルB2に「=IF（A2="売上高",1,0）」という関数が入っています。セルA2が「売上高」だったら1、そうでなかったら0を表示する数式です。セルB3にも同様の式が入っていますが、セルB3は、0が表示されています。

■空白が入っている例

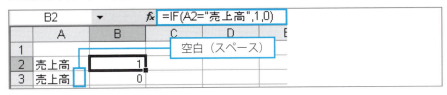

実は、見た目は同じ「売上高」でも、セルA2は「売上高」、セルA3＝「売上高　」（スペースが入っている）のです。

このような場合にはTRIMを使って、セルA2の空白を除去するか、「＝IF（TRIM（A2）＝"売上高",1,0）」という数式を使います。

■ JISとASC

JIS(ジス)は文字列を半角から全角にし、ASC(アスキー)は全角から半角にする関数です。

① = JIS(文字列):半角から全角　　② = ASC(文字列):全角から半角

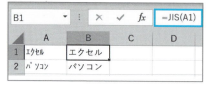 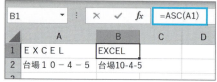

■ CONCATENATE

CONCATENATE(コンカチネイト)は文字列を結合させる関数です。

= CONCATENATE(セル,セル,セル,……)

次の例では、セルA1の東京都、セルB1の千代田区、セルC1の外神田を結合させ、セルD1に表示しています。

作成時は、Ctrl を押しながら、対象のセルをクリックしましょう。

■CONCATENATEの例

上記の関数は、「= A1 & B1 & C1」という数式でも代用可能です。

空白のセルを間に入れたい場合は、

= CONCATENATE(A1," ",B1," ",C1)

と入力します。

■ LEFT、MID、RIGHT

LEFT（レフト）、MID（ミッド）、RIGHT（ライト）は、指定した開始位置や文字数だけ文字列を抽出できる関数です。

=LEFT（文字列,文字数）……左から○文字
=MID（文字列,開始位置,文字数）……○文字目（開始位置）から○文字
=RIGHT（文字列,文字数）……右から○文字

■文字をとり出す関数

D	E	F	
東京都千代田区外神田	LEFT	東京都	＝LEFT（D1,3）
	MID	千代田	＝MID（D1,4,3）
	RIGHT	外神田	＝RIGHT（D1,3）

■ YEAR、MONTH、DAY

YEAR（イヤー）、MONTH（マンス）、DAY（デイ）は、日付データから年、月、日を抽出する関数です。次のように対応しています。

＝YEAR（日付）：年
＝MONTH（日付）：月
＝DAY（日付）：日

■「年」「月」「日」をとり出す関数

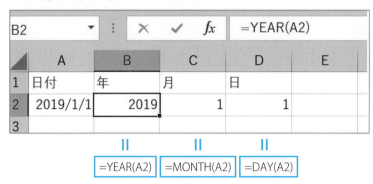

■ DATE

　DATE（デイト）は、数値から日付をつくることができます。YEAR、MONTH、DAYの逆です。

　たとえば、A1に「2019」、B1に「1」、C1に「20」があれば、これらをつなげて、「2019/1/20」にできます。

	A	B	C	D	E	F
1	2019	1	20	2019/1/20		
2						

D1: =DATE(A1,B1,C1)

■ 日付の変換

　他のシステム、ソフトのデータだとExcelでは日付とみなされない場合があります。たとえば、あるシステムで「20181221」は「2018年12月21日」のことだとしても、Excelでは単なる文字なのです。

　こういった文字列を日付に変換することもできます。

■日付変換の例

	A	B
1	修正前	数式
2	20181221	=DATE(LEFT(A2,4),MID(A2,5,2),RIGHT(A2,2))
3	301221	=DATE(LEFT(A3,2)+1988,MID(A3,3,2),RIGHT(A3,2))
4	h301221	=DATE(MID(A4,2,2)+1988,MID(A4,4,2),RIGHT(A4,2))
5	2018.12.21	=SUBSTITUTE(A5,".","/")
6	30.12.21	=DATE(LEFT(A6,2)+1988,MID(A6,4,2),RIGHT(A6,2))
7	H.30/12/21	=DATE(MID(A7,3,2)+1988,MID(A7,6,2),RIGHT(A7,2))

・20181221の場合

　「左から4文字、5文字目から2文字、右から2文字」をDATEで日付にしています。

- 301221の場合

「左から2文字に1988を足し、5文字目から2文字、右から2文字」をDATEで日付にしています。

元号（平成）を西暦にするには、1988を足しましょう。

- h301221の場合

「2文字目から2文字に1988を足し、4文字目から2文字、右から2文字」をDATEで日付にしています。

- 2018.12.21の場合

「．（ピリオド）」を「／（スラッシュ）」にSUBSTITUTE（サブスティチュート）関数で変換しています。

- 30.12.21の場合

「2文字目から2文字に1988を足し、4文字目から2文字、右から2文字」をDATEで日付にしています。

- H.30/12/21の場合

「3文字目から2文字に1988を足し、6文字目から2文字、右から2文字」をDATEで日付にしています。

置換（Ctl+H）で、「.」を空白に変更してもかまいません。

6 数式・関数のエラーとその対策

数式・関数にエラーがあると正しく計算されず、「エラー値」が表示されます。主なエラー値とその対策を確認しておきましょう。

❶ #NULL!（ヌル）

セルを指定する「：（コロン）」や「,（カンマ）」がないと、このエラーが出ます。

	A	B	C	D	E
					=SUM(A1 A3)
1	1000				
2	400				
3	3000				
4	#NULL!				

正しくは、＝SUM（A1:A3）となります。

❷ #DIV/0!（デイバイドゼロ）

0で割り算を行なった場合に、このエラーが出ます。

次の例では増減率を計算しており、諸会費は増減額の1,000を前期の0で割っていることが、エラーの原因です。

	A	B	C	D	E
					=D9/B9
7	消耗品費	600	300	-300	-0.5
8	接待交際費	450	500	50	0.111111
9	諸会費	0	1000	)0	#DIV/0!

エラーが出た場合は、上書き入力や削除せず、IFERROR関数を使いましょう。
IFERROR（イフエラー）関数は、

=IFERROR（○,△）

で、エラーが出ない場合は、○を表示し、エラーが出た場合は、△を表示します。

=IFERROR（D9/B9,""）

だと、エラーが出ない場合は、D9/B9の計算結果を表示し、エラーが出た場合は、ブランクを表示します。

	A	B	C	D	E
7	消耗品費	600	300	-300	-0.5
8	接待交際費	450	500	50	0.111111
9	諸会費	0	1000	1000	

E9 セル: =IFERROR(D9/B9,"")

❸ #VALUE!（バリュー）

数式の中に不適切なものが含まれている場合、このエラーが発生します。
次の例では、セルA1からセルA3を足しており、セルA2に「なし」という文字列が入っているため、エラーとなってしまいます。

	A	B	C	D	E
1	1000				
2	なし				
3	3000				
4	#VALUE!				

A4 セル: =A1+A2+A3

数字と文字列をまぜないようにしましょう。なお、SUMで計算した場合にはこのエラーは発生しませんが、数値が入る列に文字列を入れることはやめましょう。

	A	B	C	D	E
1	1000				
2	なし				
3	3000				
4	4000				

A4　=SUM(A1:A3)

❹ #REF!（リファレンス）

セルを参照できない場合に、このエラーが発生します。
たとえば、次のような場合に3行目を削除してみます。

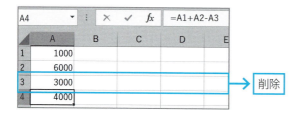

A4　=A1+A2-A3

	A	B	C	D	E
1	1000				
2	6000				
3	3000					→ 削除
4	4000				

すると、3行目がなくなったためセルを参照できなくなり、エラーが発生します。

A3　=A1+A2-#REF!

	A	B	C	D	E
1	1000				
2	6000				
3	#REF!				

削除、切り取りは注意しましょう。

❺ #NAME?（ネーム）

関数名やセル範囲などの名前が正しくない場合に、このエラーが発生します。次の例ではSUMをSAMと入力してしまっています。

A4		× ✓ fx	=sam(A1:A3)	
	A	B	C	D	E
1	1000				
2	6000				
3	3000				
4	#NAME?				

❻ #NUM!（ナム）

セルの値が大きすぎたり、小さすぎたりする場合に発生します。

次の例は、2の100000000乗を計算した場合です。通常使っている場合は、ほとんど発生しません。

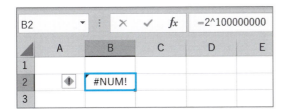

❼ #N/A（エヌエーまたはノット アプリケイバブル）

VLOOKUP関数（p.119）で検索値が見つからない場合に発生します。

たとえば、次の例では、D列の文字列をA列から探してB列の値を表示させています。

セルD1の「神奈川県」はA列の3行目、セルA3にあります。その「神奈川県」の右側にある「14」をE1に表示しています。

ここで、セルD5に「千葉県」と入力してみましょう。A列には「千葉県」がありません。そのため、「#N/A」が発生します。

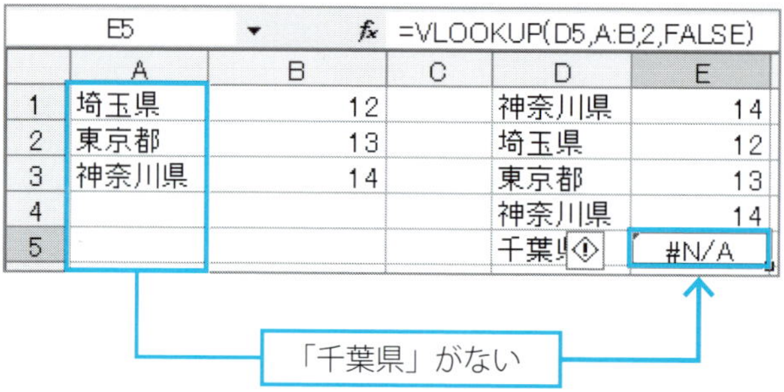

「千葉県」がない

このエラーを発生させないためには、データ部分に「千葉県」を追加しましょう。

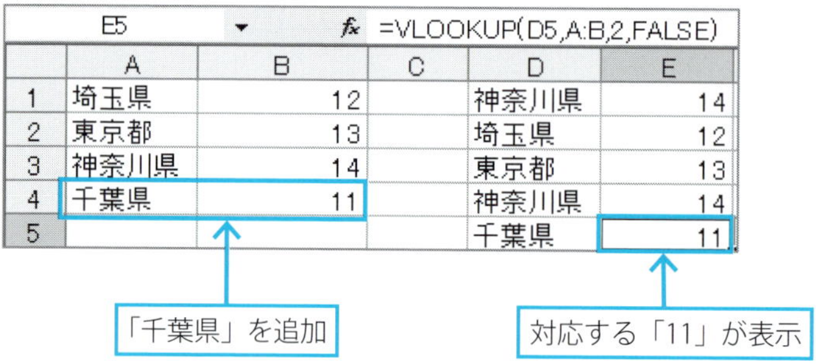

「千葉県」を追加　　　対応する「11」が表示

第 4 章

効率アップのための
5つの Excel スキル

Excel で覚えるべきスキルは
本章で解説する5つです。
第5章以降でもこれらを中心に使っています。
その基本を確認しましょう。

1 グラフ

　グラフは、数字ではなく、視覚的に表現できるツールです。積極的に使っていきましょう。

　グラフをつくるには、Alt + F1 というショートカットキーが便利です。次のようなデータがある場合は、任意のセルを指定し、Alt + F1 で棒グラフができあがります。

　ひとまずは棒グラフにしてみましょう。

■売上高データ　　　　　　　　　DLファイル②

	A	B
1		売上高
2	1月	27,074,540
3	2月	27,281,320
4	3月	29,068,200
5	4月	29,243,880
6	5月	26,001,360
7	6月	28,235,380
8	7月	28,821,780
9	8月	26,395,180
10	9月	28,799,680
11	10月	29,338,760
12	11月	23,561,980
13	12月	

いずれかを選択して Alt + F1

■ Alt + F1 で棒グラフ

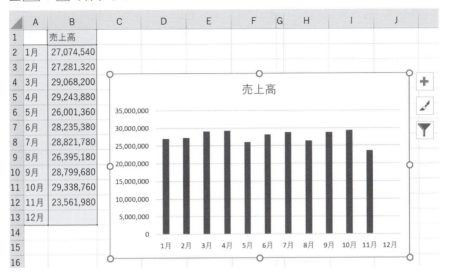

　ここで注意したいのは、次のように数値データの間に空白の行や列があると、Excelはそこでデータが途切れていると判断してしまいます。この場合、6月までしかグラフになりません。

■空白行がある場合

■ 棒グラフの編集

棒グラフは、簡単に変えることができます。

［グラフ］を選択し、［グラフツール］→［デザイン］から［グラフスタイル］を選んでみましょう。

■グラフスタイルの変更

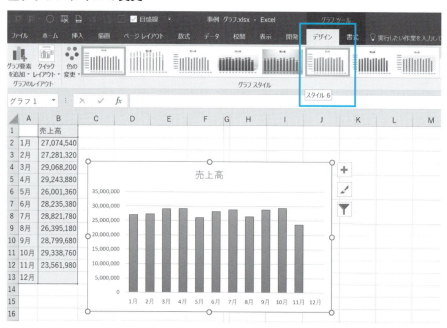

■ グラフの種類を変更する

棒グラフを右クリックし、[グラフの種類の変更]で、折れ線グラフや円グラフなどに変更できます。

新しいバージョンのExcelなら、[おすすめグラフ]で様々なグラフの種類を見比べることができるので、便利です。

■グラフの種類の変更

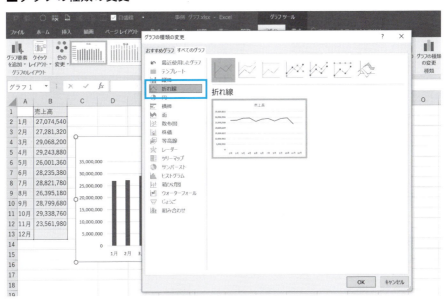

2 テーブル

テーブルとは、データを扱いやすくする機能です。

テーブルをつくるには、次のようなデータがある場合、任意のセルで Ctrl + T を押しましょう。

■データ　　　　　　　　　　DLファイル③

	A	B	C	D	E	F
1	日付	商品	店舗	売上高	商品種別	
2	2018/1/2	モバイルバ	東京	1280	周辺機器	
3	2018/1/2	iPhone X2	名古屋	94000	スマホ	
4	2018/1/2	iPadAir	大阪	70000	タブレット	
5	2018/1/2	マウス	名古屋	2800	周辺機器	
6	2018/1/3	iPadAir	東京	70000	タブレット	
7	2018/1/3	iPhone X2	大阪	94000	スマホ	
8	2018/1/3	モバイルバ	東京	1280	周辺機器	
9	2018/1/3	マウス	名古屋	2800	周辺機器	

すると、次のようなボックスが表示されますので、確認して Enter キーを押します。

	A	B	C	D	E	F	G	H	
1	日付	商品	店舗	売上高	商品種別				
2	2018/1/2	モバイルバ	東京	1280	周辺機器				
3	2018/1/2	iPhone X2	名古屋	94000	スマホ				
4	2018/1/2	iPadAir	大阪	70000	タブレット				
5	2018/1/2	マウス	名古屋	2800	周辺機器				
6	2018/1/3	iPadAir	東京	70000	タブレット				
7	2018/1/3	iPhone X2	大阪	94000	スマホ				
8	2018/1/3	モバイルバ	東京	1280	周辺機器				
9	2018/1/3	マウス	名古屋	2800	周辺機器				
10	2018/1/3	ケーブル	名古屋	980	周辺機器				
11	2018/1/3	MacBookP	大阪	157000	PC				
12	2018/1/3	iPhone 11	東京	108000	スマホ				

テーブルの作成　　　？　×

テーブルに変換するデータ範囲を指定してください(W)
=$A$1:$E$9640

☑ 先頭行をテーブルの見出しとして使用する(M)

OK　　キャンセル

これがテーブルです。慣れてくれば、Ctrl + T → Enter と連続で押しましょう。

	A	B	C	D	E	F
1	日付	商品	店舗	売上高	商品種別	
2	2018/1/2	モバイルバッテリー	東京	1,280	周辺機器	
3	2018/1/2	iPhone X2	名古屋	94,000	スマホ	
4	2018/1/2	iPadAir	大阪	70,000	タブレット	
5	2018/1/2	マウス	名古屋	2,800	周辺機器	
6	2018/1/3	iPadAir	東京	70,000	タブレット	
7	2018/1/3	iPhone X2	大阪	94,000	スマホ	
8	2018/1/3	モバイルバッテリー	東京	1,280	周辺機器	
9	2018/1/3	マウス	名古屋	2,800	周辺機器	

■テーブルのしくみ

テーブルとは、Excel上のデータを1つの塊とみなし、効率的に処理できるものです。その特徴は6つあります。

❶見やすい

1行おきに色がつき、罫線を引かなくても見やすいデータになります。

罫線をどうやって引くかを考えたり、編集している間に罫線が消えてしまったりということがなくなるのです。

また、1行おきに色をつけるには、条件付き書式で設定を工夫したり、マクロを使ったりする方法がありますが、テーブルを使えば一切必要ありません。

❷デザインを変更できる

デザインを簡単に変更できます。テーブルをクリックして、上部に表示される［テーブルツール］からデザインを選んでみましょう。

■テーブルのスタイル

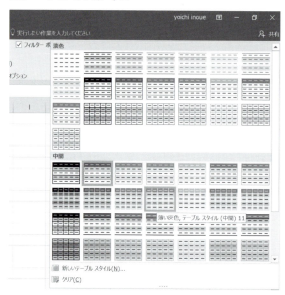

❸デザインは自動設定される

テーブルに連続してデータを入力または貼り付けると、そのテーブルのデザインを自動で設定してくれます

■テーブルにデータを追加

9633	2018/12/31	モバイルバッテリー	大阪	1,280	周辺機器
9634	2018/12/31	iPadAir	名古屋	70,000	タブレット
9635	2018/12/31	モバイルバッテリー	大阪	1,280	周辺機器
9636	2018/12/31	MacBookPro	名古屋	157,000	PC
9637	2018/12/31	iPhone 11	東京	108,000	スマホ
9638	2018/12/31	ケーブル	大阪	980	周辺機器
9639	2018/12/31	ケーブル	東京	980	周辺機器
9640	12-31				

■テーブルの書式が自動設定される

9635	2018/12/31	モバイルバッテリー	大阪	1,280	周辺機器
9636	2018/12/31	MacBookPro	名古屋	157,000	PC
9637	2018/12/31	iPhone 11	東京	108,000	スマホ
9638	2018/12/31	ケーブル	大阪	980	周辺機器
9639	2018/12/31	ケーブル	東京	980	周辺機器
9640	2018/12/31				←自動設定
9641					

　また、行や列を挿入した場合も同様にデザインを設定してくれます。網かけを設定し直す必要はありません。
　行や列をドラッグすると入れ替えることができ、やはりデザインは自動設定されます。

❹オートフィルターが使える

　テーブルにすれば「オートフィルター」でデータを抽出できます。

■テーブルのオートフィルター

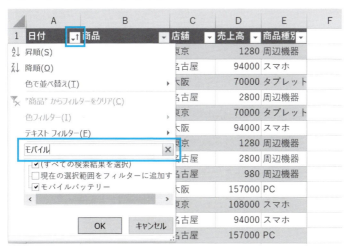

フィルターをかけた後、別のもので再度フィルターをかけたいときは、Ctrl + Shift + L でオートフィルターをいったん解除して、再度、Ctrl + Shift + L で設定しましょう。そのほうが速くてミスも減ります。

　なお、データ内の任意の項目でフィルタリングしたいときは、その項目が入っているセルを選択し、アプリケーションキー（📇）→ E → V で、すばやく抽出できます。

■選択したセルの値でフィルター

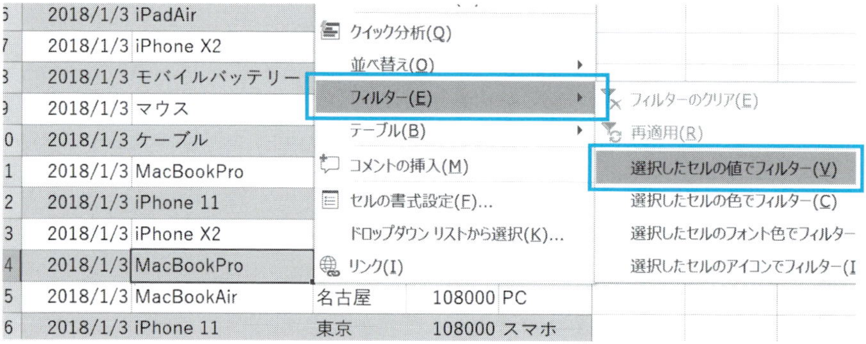

■フィルターをかけたところ

❺数式もれがない

　数式を入れておけば、自動でコピーしてくれます。数式がもれることなどありません。

❻見出しが固定される

　データの見出しを固定してくれます。スクロールさせても見出しは常に表示

されています。

■テーブルの見出し

	日付	商品	店舗	売上高	商品種別
9624	2018/12/30	MacBookPro	大阪	157,000	PC
9625	2018/12/30	iPhone X2	大阪	94,000	スマホ
9626	2018/12/31	MacBookPro	名古屋	157,000	PC
9627	2018/12/31	MacBook	東京	98,000	PC
9628	2018/12/31	MacBookPro	大阪	157,000	PC
9629	2018/12/31	iPhone 11	名古屋	108,000	スマホ

■ テーブルの注意点

　テーブルで数式がうまく設定されない時があります。そんなときは、テーブルをいったん解除しましょう。

　ただし、テーブルのデザインは残っていますので、再度テーブルにすると、色がおかしくなってしまいます。

・テーブルのデザインをクリア
・テーブルを解除

という操作をしましょう。

　テーブルのデザインをクリアするには、テーブルを選択して、［テーブルスタイル］から［クリア］をクリックします。

■テーブルスタイルのクリア

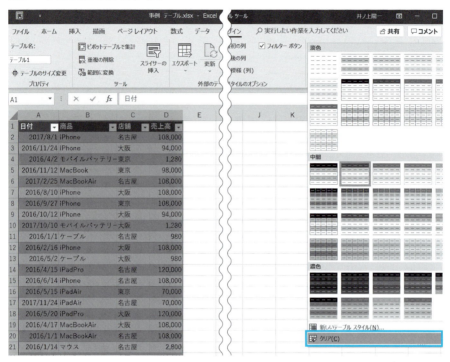

　その後、テーブルを選択して、テーブルツールの［範囲に変換］でテーブルを解除しましょう。

■テーブルを範囲に変換

3 ピボットテーブル

ピボットテーブルとは、データを集計する機能です。これがあれば、複雑な関数を使う、合計でミスをする、チェックに時間がかかる、といったことがなくなります。

■ ピボットテーブルで集計する

たとえば、次のような売上データについて、ピボットテーブルで集計してみましょう。

ピボットテーブルをつくるには、まずデータを準備します。「1行で1つのデータ」「同じ性質の項目は同じ列に」「データに空白の行がないこと」「1行目に見出しがある」が条件です。

■データ

データの任意の場所にカーソルを置き、Ctrl + T → Enter でテーブルにします（テーブルにしなくてもピボットテーブルはつくれますが、ミスを減らすためにテーブルにすることをオススメします）。

次に、クイックアクセスツールバー（p.23参照）に設定し、アクセスキー（一番左なら Alt → 1 ）で、ピボットテーブルを挿入します。

左側にあるのがピボットテーブル、右側のピボットフィールドで操作します。

■ピボットテーブルの画面

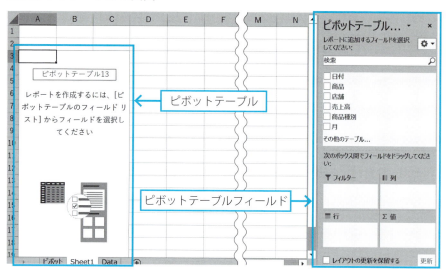

まず、右側の「売上高」にチェックを入れてみましょう。

右下の値のところに、「合計/売上高」が入ります（データによって、どこに入れるかは、Excelがある程度判断してくれます）。

この集計結果「732690040」が意味するのは、売上データすべての合計です。テーブルにしたデータをすべて合計してくれます。

見やすくするために、ピボットテーブルの数値（732690040）をクリックして、 Ctrl + Shift + 1 で桁区切り（732,690,040）にしておきましょう。

■売上高を集計

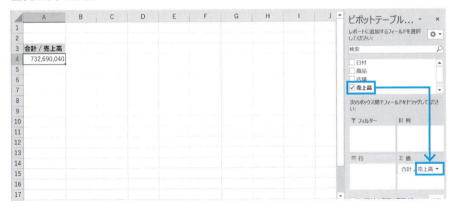

次に、「商品」の左のチェックボックスをクリックしてみましょう。
商品別の売上金額が集計されます。

■商品別に集計

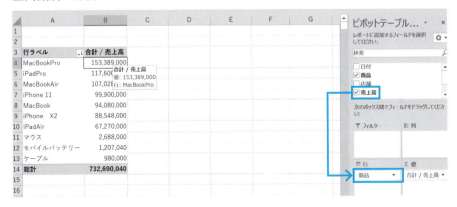

「商品」を再度クリックしてチェックをはずし、「日付」をチェックすれば、次のように月別に集計できます（バージョンによっては日別に集計されます。「日付」を右クリックして［グループ化］で［月］を選択すると、画像と同じ表示となります）。

■月別に集計

行ラベル	合計 / 売上高
1月	44,328,760
2月	52,153,480
3月	64,764,180
4月	64,182,660
5月	61,109,080
6月	62,839,420
7月	68,392,780
8月	61,432,400
9月	63,882,540
10月	66,105,200
11月	59,608,620
12月	63,890,760
総計	732,690,040

「店舗」を列にドラッグすれば、月別店舗別に集計できます。

このように、ピボットテーブルは、自由に表を入れ替えて、数字から課題に気づくためのツールです。

この変化させることができるということが、ピボットテーブルのメリットであり魅力といえます。定型の表をつくるというよりも、表の集計方法を変えることで求める結果を探し当てるという使い方です。

■月別・店舗別に集計

データを選択して、[ホーム]→[条件付書式]→[データバー]を選べば、次のように数字をバーで表示できます。

■ピボットテーブルにデータバー

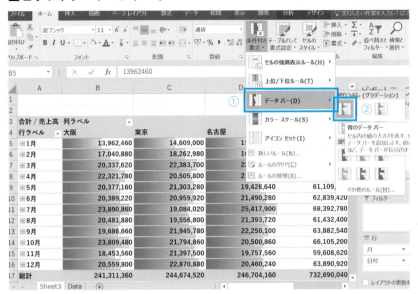

商品別の売上にし、右クリックして[並べ替え]で、売上の大きい順に並べることもできます。

■データの並べ替え

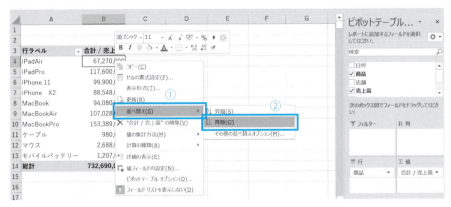

■ ピボットテーブルの注意点

ピボットテーブルには、注意すべき点があります。

それは更新しなければいけないことです。ピボットテーブルをつくったあと、データを追加、修正、削除してもピボットテーブルは変わりません。

データの変更を反映させるには、

・ピボットテーブルを選択して Alt + F5

または

・ピボットテーブルを右クリックして更新をクリック

する必要があります。

■ピボットテーブルの更新

4 VLOOKUP関数

■データを探し、マッチングできるVLOOKUP関数

　VLOOKUP（ブイルックアップ）関数とは、特定のデータを探して表示してくれる関数です。

　経理業務において、入力作業を減らすことができる最重要関数です。

　たとえば、現金出納帳の取引の内容「打ち合わせ」に「会議費」という科目をつけたい場合があるとします。

■科目を連動するVLOOKUP関数　　DLファイル⑤

	A	B	C	D	E	F	G
1	日付	取引先	内容	入金	支出	残高	科目
2						30,000	
3	2018/6/30	○○カフェ	打ち合わせ		340	29,660	
4	2018/7/1	㈱ABC	香典		10,000	19,660	
5	2018/7/2	○○ストア	ボールペン		320	19,340	
6	2018/7/3	△△ドラッ	会議お菓子代		541	18,799	

　こういった場合にVLOOKUP関数を使えば、「打ち合わせ」-「会議費」という組み合わせから「会議費」を探し出してくれます。

■VLOOKUP関数で「会議費」を連動

数式をコピーすれば、他のセルにも科目がつきます。

■VLOOKUP関数をコピー

	C	D	E	F	G	H	I	J
1	内容	入金	支出	残高	科目		内容	科目
2				30,000			タクシー	旅費交通費
3	打ち合わせ		340	29,660	会議費		収入印紙	租税公課
4	香典		10,000	19,660	交際費		会議お菓子代	会議費
5	ボールペン		320	19,340	#N/A		打ち合わせ	会議費
6	会議お菓子代		541	18,799	会議費		香典	交際費
7	切手		830	17,969	通信費		書籍	図書費
8	書籍		1,344	16,625	図書費		切手	通信費
9	収入印紙		600	16,025	租税公課		打ち合わせ飲食	交際費
10	タクシー		710	15,315	旅費交通費		宅配便	通信費
11	打ち合わせ		8,710	36,605	会議費			

しかしながら、「ボールペン」のところでエラー（#N/A）が出てしまいました。このエラーは、VLOOKUP関数で該当のものが見つからなかったということです。

J列を見ると、「ボールペン」がありません。こういった場合は、J列に「ボールペン」を入れ、その対応する科目を隣のK列に入れれば、連動します。

■対応表の追加

	C	D	E	F	G	H	I	J
1	内容	入金	支出	残高	科目		内容	科目
2				30,000			タクシー	旅費交通費
3	打ち合わせ		340	29,660	会議費		収入印紙	租税公課
4	香典		10,000	19,660	交際費		会議お菓子代	会議費
5	ボールペン		320	19,340	消耗品費		打ち合わせ	会議費
6	会議お菓子代		541	18,799	会議費		香典	交際費
7	切手		830	17,969	通信費		書籍	図書費
8	書籍		1,344	16,625	図書費		切手	通信費
9	収入印紙		600	16,025	租税公課		打ち合わせ飲食	交際費
10	タクシー		710	15,315	旅費交通費		宅配便	通信費
11	打ち合わせ		8,710	36,605	会議費		ボールペン	消耗品費

■ VLOOKUP関数のしくみ

VLOOKUP関数の構成は次のとおりです。

= VLOOKUP（検索値、範囲、列番号、検索方法）

先ほどの事例で解説していきます。まず、セルG3にVLOOKUP関数を入れていきましょう。

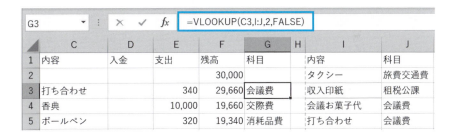

「検索値」は「内容」を選択します。この場合、セルC3の「打ち合わせ」です。

「範囲」は、検索値を探す列と、対応する値がある列を指定します。

	C	D	E	F	G	H	I	J
1	内容	入金	支出	残高	科目		内容	科目
2				30,000			タクシー	旅費交通費
3	打ち合わせ		340	29,660	会議費		収入印紙	租税公課
4	香典		10,000	19,660	交際費		会議お菓子代	会議費
5	ボールペン		320	19,340	消耗品費		打ち合わせ	会議費

G3　=VLOOKUP(C3,I:J,2,FALSE)

　この場合、「内容」が入力されているI列から「科目」が入力されているJ列を指定します。検索値が含まれる列が範囲の一番左であるかどうか確認しましょう。

　「列番号」は、範囲のうち、どの列の値が表示されるかを指定します。この場合、表示したい「科目」が入力されているJ列は、範囲のうちの2列目ですので「2」となります。

G3　=VLOOKUP(C3,I:J,2,FALSE)

	C	D	E	F	G	H	I	J
1	内容	入金	支出	残高	科目		内容	科目
2				30,000			タクシー	旅費交通費
3	打ち合わせ		340	29,660	会議費		収入印紙	租税公課
4	香典		10,000	19,660	交際費		会議お菓子代	会議費
5	ボールペン		320	19,340	消耗品費		打ち合わせ	会議費

　「検索方法」には、完全に一致するもののみを表示する場合は「FALSE」、完全に一致しなくても類似のものを表示する場合には「TRUE」を入力します。

G3　=VLOOKUP(C3,I:J,2,FALSE)

	C	D	E	F	G	H	I	J
1	内容	入金	支出	残高	科目		内容	科目
2				30,000			タクシー	旅費交通費
3	打ち合わせ		340	29,660	会議費		収入印紙	租税公課
4	香典		10,000	19,660	交際費		会議お菓子代	会議費
5	ボールペン		320	19,340	消耗品費		打ち合わせ	会議費

完全一致の「FALSE」を入力しましょう。この検索方法はTRUE＝1、FALSE＝0と表記することも可能ですが、「列番号」と混同するというミスを避けるため、FALSEを使うのがオススメです。

同様に、科目から消費税の課税区分をVLOOKUP関数で連動することもできます。次のような対応表をつくりましょう。

L	M
科目	税区分
会議費	課税仕入
研修費	課税仕入
交際費	課税仕入
支払手数料	課税仕入
消耗品費	課税仕入
図書費	課税仕入
租税公課	対象外
通信費	課税仕入
普通預金	対象外
諸口	対象外

■ 注意点

VLOOKUP関数では検索の型を「FALSE」に指定すると、検索値とデータが完全に一致したセルがなければエラー値「#N/A」が表示されます。空白が入っていたり、半角/全角の違いがあっても完全に一致とみなしません。

エラーが出た場合は元データか、組合せのデータを見直しましょう。場合によっては、組合せデータがないためエラーが出ることもあります。

■ピボットテーブルとVLOOKUP関数の組み合わせ

ピボットテーブルとVLOOKUP関数を組み合わせると、次のようなこともできます。

商品別の売上を集計し、さらに細かく分析してみましょう。
まず、商品を区分して集計してみます。

■商品別集計

行ラベル	合計 / 売上高
MacBookPro	153,389,000
iPadPro	117,606,000
MacBookAir	107,028,000
iPhone 11	99,900,000
MacBook	94,080,000
iPhone X2	88,548,000
iPadAir	67,270,000
マウス	2,688,000
モバイルバッテリー	1,207,040
ケーブル	980,000
総計	732,690,040

使うのはこういった区分です。「iPhone11」「iPhoneX2」だとスマホ、「iPadPro」「iPadAir」だとタブレットというように、区分していきます（※名称は架空です）。

これを、データ1つ1つに入力していては手間がかかりすぎます。VLOOKUP関数でつけていきましょう。

「商品をI列からJ列の範囲の一番左にあるI列から探し、完全に一致したものが見つかったら2列目を表示する」という数式です。

■VLOOKUP関数の入力

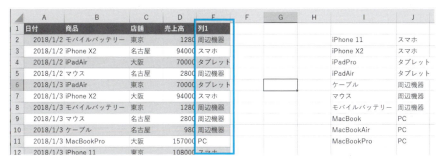

テーブルを使っている場合、セルE2へ数式を入力して Enter キーを押せば、次のようにすべてのセルに数式が入力されます。

■すべてのセルにVLOOKUP関数を入力

E列（列1）に［商品種別］という項目名をつけて、ピボットテーブルを更新（ピボットテーブルを選択して Alt + F5 ）すれば、［商品種別］というフィールドを使えるようになります。

■項目の追加

［商品種別］を使って、次のような集計もできるわけです。

■商品種別・商品名別の集計

行ラベル	合計 / 売上高
⊟PC	354,497,000
MacBookPro	153,389,000
MacBookAir	107,028,000
MacBook	94,080,000
⊟スマホ	188,448,000
iPhone 11	99,900,000
iPhone X2	88,548,000
⊟タブレット	184,870,000
iPadPro	117,600,000
iPadAir	67,270,000
⊟周辺機器	4,875,040

5 マクロ

　マクロとは、プログラムを書いて、Excelに処理をしてもらう機能をいいます。
　VBAという言葉もあり、VBAは厳密にはプログラミング言語のことを指しますが、マクロとVBAはほぼ同じ意味と考えていただいてよいでしょう。
　Excel上の処理をすべてマクロでやることもできますが、Excelの機能（関数やピボットテーブル、テーブルなど）でやったほうが、速くてメンテナンスもしやすいケースがあります。
　そのため、私はマクロでしかできないことをマクロでやっています。

■ マクロにしかできないこと

　「マクロでしかできないこと」とは、マクロを使ったほうが効率的なものです。
　たとえば、人間が100枚のシートのデータを1つのシートにコピーすることはできます。しかし、膨大な時間がかかるでしょう。ミスをする可能性もあります。
　こういった場合に、マクロを使うと、楽に確実に処理できるのです。

　Excelのマクロは確かに便利です。しかしながら、マクロは魔法ではありません。
　「マクロが使えれば……」
　「マクロで仕事を片付ける！」
　「効率化のために、マクロを学びたい」
　これらは、半分当たっていて半分はずれているのです。マクロを使えば、一瞬で終わる仕事は確かにあります。私もマクロを使い始めて20年、マクロのおかげで多大な時間を生んできました。
　ただし、なんでもかんでもマクロでできるわけではありません。マクロを使わないほうが速くなることもありますし、マクロ以外のテクニックも必要だからです。なんでもかんでもマクロを使って効率化しようとすると、より高度な

知識とトレーニングが必要となります。

そこに時間を投資するならば、Excel標準の機能で処理したほうが、マクロを覚える負担も少なく、簡単に効率化ができるのです。

まずは本書で挙げているExcelの基礎をしっかり身につけましょう。これらをうまく使えば、無理にマクロを使わなくてもすみます。

ただし、Excelの機能を完全にマスターしてからマクロをやりましょうというわけではありません。なぜなら、Excelを極めてからマクロをやる、というものではないからです。

Excelという山を違う斜面から登るイメージと考えておきましょう。違った側面からExcelを見つつ、マクロを同時に勉強していくと相乗効果もあり、Excelへの理解も深まります。

だからこそ、本書には、Excelマクロの入門編をあえて書きました。Excelを理解するのに必要なExcelマクロの基礎の基礎です。

本当に必要なところだけ書いていますので、マクロの大先生方からは怒られるかもしれません。あえて省略していることもあります。

■ Excelでマクロを書く下準備

Excelでマクロを書いてみましょう。

❶セキュリティの設定

Excelのオプション（Alt→T→O）→［トラストセンター］の［トラストセンターの設定］→［マクロの設定］で、［警告を表示してすべてのマクロを無効にする］を選択してください。

すべてのマクロを有効にすると、万が一、悪意のあるマクロ（ファイルを全部消去するなど）がPC内に来たときに、防ぐことができないからです。

自分が作ったマクロや人から送られてきたマクロを開くと、警告が表示されるので、有効にするを選択して開くこととなります。

❷マクロを書く机を準備する

次に、マクロを書く道具を準備します。たとえるとペンと机を準備するようなものです。このツールをVBE（Visual Basic Editor）といいます。

■VBEを開いたところ

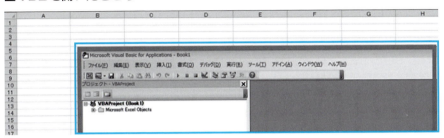

VBEは、Excelに入っているソフトです。Alt + F11 で起動します。

VBE上で、Alt + F11 を押せば、再度Excelを選択できます。Alt + F11 は、ExcelとVBEを行き来するものと考えてください。

❸VBEの設定

VBE上で、Alt → T → O を押すと、VBEのオプションが開きます。オプションでは、
・「自動構文チェック」のチェックを外す
・「変数の宣言を強制する」のチェックを入れる
という設定をしてください。

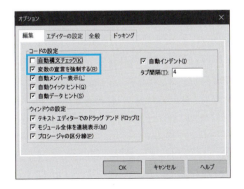

❹マクロを書くノートを準備する

　机が準備できたら、マクロを書くノートが必要です。そのノートを準備します。

　VBEで Alt → I → M と押すと、すると、ノートが準備されます。この部分にマクロを書いていくわけです。

■マクロを書く場所

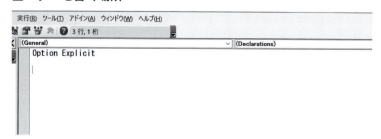

　「Option Explicit」という表記は、オプションで「変数の宣言を強制する」と設定した影響ですので、気にしないようにしてください。
　Excelを持っていれば、追加費用なしでマクロを使うことができます。
　これで、準備は整ったというわけです。

Excelで Alt + F11 、
VBEで Alt → I → M

という流れを身につけましょう。

❺簡単なマクロを書いてみよう

では、簡単なマクロを書いてみます。

マクロには、必ず書かなければいけないものがあります。

それは、

Sub 【マクロ名】()
と
End Sub

です。

マクロ名は、任意の文字が入り「Sub マクロ名()」はプログラムのはじまりを意味し、「End Sub」はプログラムの終わりを意味します。どこからどこまでが1つのプログラムなのかを明確に示さなければいけないのです。

マクロ名は、好きなものを選べますが「Select」「name」などプログラムでも使用するようなものはエラーが出ます。あまり深く考えずに、エラーがでたら直せばいいくらいに考えましょう。

ここでは「test」というマクロ名で書いてみます。

・sub testと打つ（すべて小文字。subとtestの間にはスペース）
・**Enter**を押す

で、

Sub test ()
End sub

と表示されます。

Subの[S]は自動的に大文字になり、()がつき、End Subまで自動的に出てくれるのです。

このSubとEnd Subの間にプログラムを書いていきます。

では、セルA1に「3」を入れるマクロを書いてみましょう。

この場合、「セルA1に3を入れてください」というマクロを書きます。

このときに、Excelが理解できる文法で書かなければいけないのです。

この場合、「Range ("a1").Value= 3」と書きます。「レンジA1のバリューは3」と読みましょう。「．」は「の」、「＝」は「は」と読むとミスがなくなります。

「＝」は、イコールという意味よりも、○＝△なら「○に△を入れる」という意味で考えましょう。「セルA1に3を入れる」ならば、

セルA1=3
　↓
Range ("a1"). Value = 3

となるのです。

仮にプログラミングにミスがあれば、文字が赤くなりわかりますので、「あ、まちがえた」と、さっとなおしましょう。そのうち覚えます。ミスが許されないわけではないのです。

「セルA1に、セルB3を入れてください」は、

Range ("a1").Value= Range ("b3").Value

です。

なお、セルA1に「A1」と書いても「a1」と書いてもかまいません。通常は小文字で打つことが多いかと思いますので、本書では小文字とします。

シートをまたぐ場合は、シートを示します。本来はセルA1もシート1のセルA1と表現しなければいけないものです。

シートの指示を省略すると、「今カーソルがある（＝アクティブといいます）ブックのシート」という解釈をされます。今カーソルがあるシートで処理する分にはそれでかまいません。

では「シート1のセルA1に、シート2のセルB3を入れてください」は、どうなるのでしょうか。

Worksheets ("シート1"). Range ("a1"). Value= Worksheets ("シート2").

Range（"b3"）. Value（1行で）

となります。シートの指定はWorksheets（ワークシーツ）です。

●プログラムの改行

　プログラムが長くなりそうなときは、改行できます。

　ただし、単にEnterで改行すると、2行目はエラーが出てしまいます。改行するときは、半角スペースとアンダーバーを入れて改行してください。

　Worksheets（"master"）. Range（"e1"）. Value = _
　Worksheets（"data"）. Range（"a" & i）. Value

●コメントを入れて見やすくする

　マクロは何度も見直して改善していくものです。当然、自分がわかるようにしておかなければいけません。

　このときに「コメント」が役立ちます。

　プログラムの最初に、「'」シングルコーテーションをつけると、その行はコメントになります。

　'日付を入力

といれれば、緑色になり、マクロとしては実行しません。

　プログラムの一部を一時的にコメントにして実行し、エラーの原因を探る際にも使えます。

■ マクロファイルの保存方法、開き方

❶ Excelマクロファイルを保存

Excelマクロが入ったファイルと、入っていないファイルは明確に区別されています。Excel2007以降は、Excelファイルは「.xlsx」、Excelマクロファイルは「.xlsm」という拡張子（ファイル名の後ろにつき、ファイルの種類を識別するもの）です。

新規のExcelマクロファイルを上書き保存（Ctrl + S）しようとすると、エラーがでます。そのまま保存すると、マクロなしのファイル（xlsx）で保存されてしまうのです。

［名前をつけて保存］（F12）を押して、［ファイルの種類］を［Excelマクロ有効ファイル（xlsm）］にして保存しましょう。

■名前をつけて保存

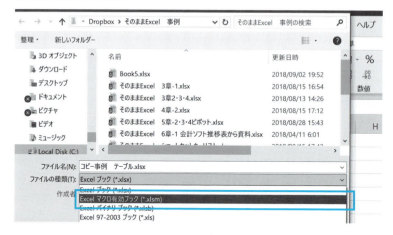

❷ **Excelマクロが入っているファイルを開く**

　マクロファイルを開くときには、セキュリティの設定をしていれば、警告が出ます。ファイルを開くとき、「セキュリティの警告　マクロが無効にされました。」と表示された場合は、[コンテンツを有効化]をクリックしましょう。

　また、ボックスが表示されたときは、[マクロを有効にする]をクリックします。マクロファイルを誤って、「マクロを無効」にした場合は、一度上書き保存して、再度開き、マクロを有効にしてください。マクロが消えるわけではありません。

■セキュリティに関する通知

　出所が確かでないExcelマクロファイルを開いてはいけません。「PC内のファイルをすべて削除する」といったマクロが入っているかもしれないからです。

■ Excelマクロを実行する4つの方法

　Excelマクロを実行すれば、書いたマクロのとおりの操作が行われます。ただし、マクロは、Ctrl + Z（元に戻す）ができません。実行前に上書き保存（Ctrl + S）をするのが無難です。

　また、マクロを実行してとまらない（いつまでたっても完了しない）場合は、

ESCキーを押すか、Ctrl + Shift + ESCを押し、Excelを強制終了するしかありません。

マクロを実行する前にExcelとVBEをきれいに整列しておきましょう。

マクロを実行すれば、Excel側に変化が起きます。その変化を見ながらマクロを実行し、改善を加えていったほうがやりやすいからです。

Excelを左に、VBEを右に設置するならば、Excelにカーソルがあるときに Windows キー + ←、VBEにカーソルがあるときに Windows キー + → を押せば、整理できます。

■ExcelとVBEを並べる

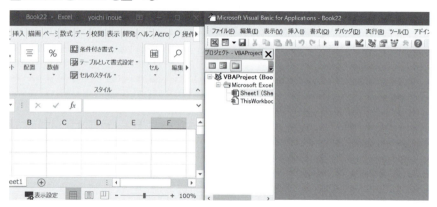

Excelマクロを実行する方法は、4つあります。

❶ VBE上で実行する場合

プログラムが表示されていない場合は、左側にある標準モジュールのModule1をクリックしてください。プログラム上の「Sub」から「End Sub」までの間にカーソルを置き、F5を押すと実行できます。

「Sub」から「End Sub」までなら、カーソルの位置はどこでもかまいません。F8を押せば、1行ずつマクロを実行できます。マクロをつくっているとき、1行ずつ確認したいときに使います。

❷ **Excel上で実行する場合**

　Excel上で実行するなら、Excelで Alt + F8 を押してください。該当のマクロを選択し、Enter キーまたは［実行］をクリックすると、マクロが実行されます。

■ Excelで Alt + F8

❸ **Excelのショートカットキーで実行する場合**

　ショートカットキーで、マクロを実行することもできます。

　Excelで Alt + F8 を押し、今度は［オプション］をクリックします。ここでショートカットキーを設定できるのです。

　Ctrl キーと組み合わせるキーを設定します。組み合わせることができるのは、アルファベット（小文字）、Shift を押しながらアルファベット（大文字）です。

　たとえば「Ctrl + M」、「Ctrl + Shift + M」という組み合わせができます。設定後は、一度キャンセル（ESC）して、ボックスを閉じてください。

　気をつけなければいけないのは、Excelの通常のショートカットキーを上書きしてしまうこと。

Ctrl＋**C**（コピー）にショートカットキーを設定してしまうと、**Ctrl**＋**C**を押したときに、コピーではなく、設定したマクロが動いてしまいます。

　Excelのショートカットキーにない「q」「e」「l」「m」「j」などがおすすめです。Excel上でマクロを実行する場合には、この方法をよく使います。

■ショートカットキーの設定

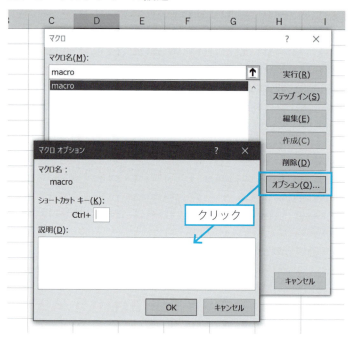

❹**実行ボタンを作って、クリックする場合**

ボタンを作ってクリックしてマクロを実行する方法です。

Excelのオプション（Alt→T→O）で、［リボンのユーザー設定］の右側の［開発］にチェックを入れます。

■リボンの設定

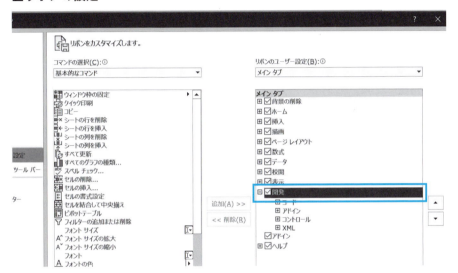

Excel2007だと、同じくオプションで、基本設定の［開発タブをリボンに表示する］にチェックを入れてください。設定すると、リボンに［開発］というタブが表示されるので、［挿入］→［フォームコントロール］の左上のボタンをクリックします。

■ボタンの設置

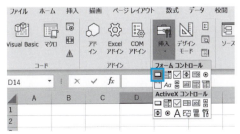

そのままカーソルをExcelのセル上に持ってくると、カーソルが+字にかわるので、マウスでドラッグしてボタンをえがいてください。

手をはなすと、次のようなボックスが出てくるので、該当のマクロを選択し、[OK]を押しましょう。

■マクロを選ぶボックス

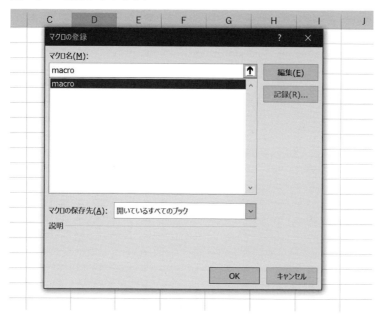

セル（どこでもよい）をクリックするとボタンができあがります。このボタンをクリックすると、設定したマクロを実行できます。

右クリックして［テキストの編集］でボタン名を変えることも可能です。マクロの入ったファイルを提供するときに、使ってみましょう。

■ネット上のマクロを自分のファイルに流用する方法

❶ Excel を PDF ファイルにする方法

今回、サンプルとして、次のマクロを取り上げます。

■ PDF 作成マクロ

DLファイル⑥

```
Sub pdf ()
    Active Sheet. Export As Fixed Format Type: =xl Type PDF, Filename:="sample. pdf"
End Sub
```

（Active Sheet ～ "sample. pdf" は1行で）

開いている Excel ファイルのシートを PDF ファイルにするマクロです。PDF ファイルは、Excel ファイルを通常保存している場所に保存されます。

Excel でオプションを開き（Alt→T→O）、[保存] の [既定のファイルの場所] を確認してみてください。Windows ではほとんどの場合、ドキュメントフォルダが指定されています。

❷ 使いたいマクロを流用する手順

では、冒頭のマクロを流用してみましょう。

マクロを使いたい Excel ファイルを開きます。

Alt+F11 を押して、マクロを書く場所を開きます。さらに、Alt→I→M（順番に1つずつ押します）で、マクロを書く紙を準備します。使いたいマクロをコピーして貼り付けます。

これで準備完了です。

実行すると、既定の場所に PDF ファイル（ファイル名は「Sample.pdf」）が作成されています。

こういう流れで、いろんなマクロを試してみてください。

多少変更しなければならない場合もありますが、そのまま使える場合も多いです。ネットで、「〇〇　マクロ」や「〇〇　VBA」と検索すれば、無数のマクロが出てきます。

■ 記録マクロは使わないようにしよう

記録マクロとは、人間の操作をExcelに覚えさせるものです。

Excelに左下にアイコンがあります（もしない場合は、画像のアイコンのあるあたりを右クリックして、［マクロの記録］のチェックをオンにしてください）。

■マクロの記録

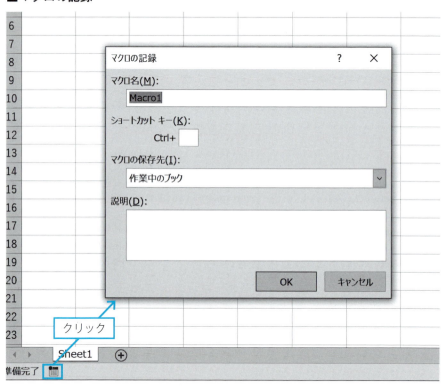

アイコンをクリックすると、マクロ名やショートカットキーを設定する画面が表示されます。そのまま［OK］をクリックすると、記録が始まり、操作を記録してくれます。録画ボタンと同じ役割です。

操作が終わったら、停止ボタン（記録中は記録開始ボタンが記録停止ボタンに変わります）をクリックします。 Alt + F11 を押すと、VBEが起動し、記録された内容を確認できます。

次の例は、セルA2をコピーしてセルD2へ貼り付けた一連の操作を記録したものです。

■マクロの記録結果

```
Sub Macro1()

    Macro1 Macro


        Range("A2").Select
        Selection.Copy
        Range("D2").Select
        ActiveSheet.Paste
End Sub
```

この画面で、F5（または画面上部の実行ボタンをクリック）を押すと、同じ操作を繰り返してくれます。

便利なようですが、この記録マクロを使うと、次のような欠点があります。
・マクロの腕が伸びない
・繰り返しの処理ができない

通常、マクロを書くなら、上記の操作は、

```
Sub Macro1()
    Range("d2").Value = Range("a2").Value

End Sub
```

となります。シンプルに1行で表示できるのです。
この処理を、2行目から100行目まで繰り返すなら、こう書きます。

```
Sub Macro1()

    Dim i
    For i = 2 To 100
```

```
            Range("d" & i).Value = Range("a" & i).Value
    Next
End Sub
```

　記録マクロだけでは、この繰り返しの処理はできません。100回記録させるか、記録したマクロを編集する手間がかかるのです。

　記録するマクロで覚えず、書くマクロを使えるようになることをめざしましょう。

第 5 章

Excelで経理＆会計業務
〜インプット〜

経理＆会計業務はインプットからはじまります。
そこで使うExcelテクニックを身につけましょう。

1 インプットをなくすのが第一

■「インプット」の負担を減らす

「インプット」→「集計」→「アウトプット」の流れで経理業務をとらえた場合、最初の「インプット」は極力減らすべきです。
　ここに労力をかけていてはその先にすすめません。
インプットだけだと経理業務の価値を上げることはできないでしょう。

　インプットを減らす、あるいはなくすには、
　①ネットバンクやクレジットカードを使い、会計ソフトに取り込む（連動させる）
　②さまざまな資料等について、データでもらい、インポートする
といった方法があります。

■ 資料はデータでもらう

　①の場合は、対応するネットバンクやクレジットカードが必須です。
多少の手数料はかかりますが、効率化には欠かせません。
　②の場合、手書き・紙の書類を受けとると効率化しようがありません。
　データで受け取れば、それを加工して会計ソフトに取り込むことができます。手書き・紙の資料は、できる限りデータ入力してもらいましょう。Excelで入力したほうが、お互い効率的です。

2 Excelから会計ソフトへのインポート

Excelのデータを会計ソフトに取り込む場合（インポート）には、次の2つがあります。
- 会計ソフト側で、インポート形式が決まっている場合
- 任意の形式のExcelファイルをインポートできる場合

■ 会計ソフト側で、インポート形式が決まっている場合

従来型の会計ソフト（デスクトップアプリケーション）では、インポート形式が決まっていることが多いです。「弥生会計」だと、A列に「2000」、D列に「日付」などと決まっています。

この形式のExcelファイルをつくらなければいけません。

■Excelから弥生会計へ

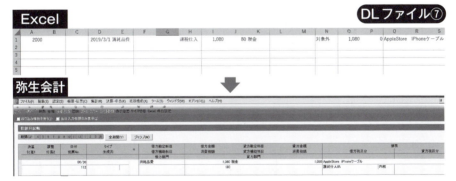

■ 基本：弥生会計ルールどおりにExcelで入力

たとえばExcelから弥生会計へインポートするには、
・Excelデータを弥生会計ルールにする
・CSVファイル形式で保存する
・弥生会計で取り込む
といった操作が必要となります。

弥生会計ルールは、弥生会計のヘルプにあります。

最低限必要な弥生会計ルールは次のとおりです。

■弥生会計へインポートするデータ形式

	A	B	C	D	E	F	G	H	I	J	K	L	M	N	O	P	Q	R	S
1	2000			2019/3/1	消耗品費			課税仕入	1,080		80	現金		対象外	1,080	0	AppleStore	iPhoneケーブル	
2																			
3																			
4																			
5																			

・A列　2000

「2000」が必ず入ります。仕訳データという意味です。

伝票形式もありますが、インポートでは使わないようにしましょう。処理が複雑になるからです。

・D列　日付

「20180101」「2018/1/1」「2018/01/01」「h30/1/1」といった形式で入力します。通常は「2018/1/1」の形式が多いでしょう（Excelで Ctrl + Shift + 3 を押したときの書式）。

弥生会計からエクスポートしたデータは「H.27.01.01」という形式ですので、この形式でも取り込めます。ただし、この形式は、Excelでは日付とみなしません。

・E列　借方勘定科目

弥生会計のデータに登録されていない場合は、インポート時に指定ができます。新たに追加する場合、弥生会計にある科目に変換する場合のどちらにも対応可です。

■インポート時の処理（作成）

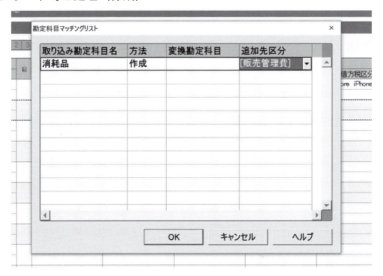

■インポート時の処理（変換）

どう変換したかは、[ツール]→[マッチングリスト]で確認できます。

■マッチングリストの場所

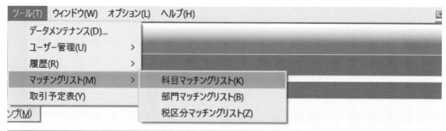

・H列　借方勘定科目の消費税区分

消費税コードは、弥生会計で確認できます。手間がかからないのは「課税仕入」「課税売上」とし、インポート時にマッチングすることです。

消費税免税の場合は、「対象外」と入れます。

・I列　借方金額
・K列　貸方勘定科目
・N列　貸方勘定科目の消費税区分
・O列　貸方金額
・T列　取引のタイプ

仕訳なら「0」と入れます。固定です。伝票を使うとここも変更しなければいけなくなるので手間が増えます。

・Y列　コード

ここは「no」と入れます。固定です。

ここまでのものがあれば、インポートできます。

さらに、必須ではないのですが必要なものとして、次のようなものがあります。

・J列　借方消費税額

　Excelで計算しなければいけません。セルI2に借方金額があるので、税率8％なら、

　=int（I2*8/108）

です（2行目の場合）。
　これを入れないと、消費税区分で課税にしていても、弥生会計に反映されません。
　なお、消費税区分を［対象外］にしていれば、ここに数字が入っていても、無視され「0」になります。そのため、すべてのデータで、消費税額を計算する数式を入れてもかまいません。
　IF関数で、「対象外の場合は、0、そうでない場合は消費税計算」としなくてもいいのです。

・P列　貸方消費税額
・O列　摘要

　摘要は、その後の分析のためにも入れておきましょう。法律上（消費税法）も、仕入や経費については入れなければいけません。口座間の振替や預け入れ、引き出しなどは入れなくても大丈夫です。
　その他、任意のものとして、補助科目があります。

●CSVファイルで保存

　インポートするExcelデータをCSVファイル形式で保存します。
　データは、コピーして新しいExcelファイルに貼り付けてCSVファイルで保存するのがオススメです。
　その理由には
・ファイルが開きっぱなしになりがちでインポート時にエラーが出る。
・Excelファイルの管理上手間がかかる
・CSVファイルは書式を設定できず、シートを増やせないため、通常はExcelファイルで管理し、インポート時にCSVにしたほうがいい

といったものがあります。

インポート時には、1行目の見出しがあると弥生会計でエラーになりますので、もし見出しがあれば2行目以降のデータのみをコピーしましょう。

　データを選択（2行目を選択後、[Ctrl] + [Shift] + [↓]を押すと一括で選択できます）し、コピー（[Ctrl] + [C]）、新しいファイル（ブック）を開き（[Ctrl] + [N]）、貼り付け（[Ctrl] + [V]）、その後、そのファイルを閉じます（[Ctrl] + [W]）。

■Excelデータを新規ファイルへコピー

	A	B	C	D	E	F	G	H	I	J	K	L
1	2000			2018/6/30	会議費			課税仕入	340	25	現金	
2	2000			2018/7/1	交際費			課税仕入	10000	740	現金	
3	2000			2018/7/2	消耗品費			課税仕入	320	23	現金	
4	2000			2018/7/3	会議費			課税仕入	541	40	現金	
5	2000			2018/7/6	通信費			課税仕入	830	61	現金	

　次のような警告が出ますが、[Enter]を押す（[保存]を選択したことになる）と、[名前を付けて保存]ボックスが出るので、[Tab]キーを押し、[ファイルの種類]にカーソルを置き、[CSV（カンマ区切り）]を選びましょう。[CSV（UTF-8）]だとインポート時にエラーが出るからです。

　[Enter]を押すと、CSVファイルで保存してからファイルを閉じることができるのです。

■CSVファイルの保存

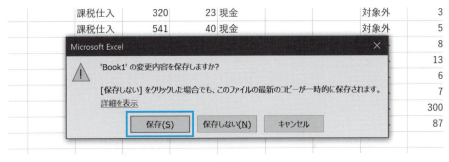

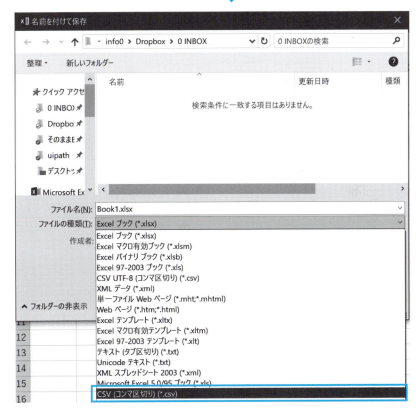

●弥生会計でインポート

CSVファイルを弥生会計でインポートしましょう。

仕訳日記帳を開き（Alt→C→Enter）、インポート（Alt→F→I）しようとすると、次のようなボックスが表示されます。ファイル名を直接入力するか、[参照] ボタンをクリックして指定してください。

■弥生会計でインポート

[参照] の場合、弥生会計ではテキストファイル（txt）を探しにいってしまいます。

■参照をクリックした後

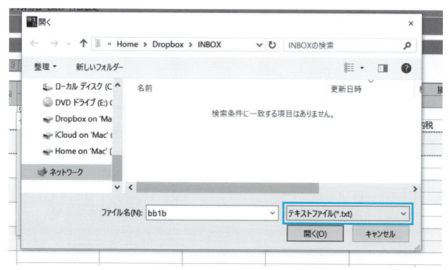

次のように、［すべてのファイル］に切り替えないと、CSVファイルは出てきません。

■ファイルの種類を変更

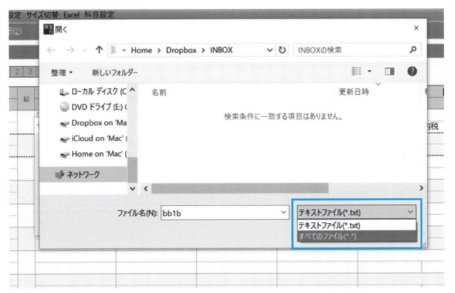

ファイルを指定して読み込み、エラーがなければインポート完了です。

■ 応用：Excelのデータを弥生会計ルールに変換

●弥生会計ルールに変換

基本形の場合、このフォーマットで入力またはこのフォーマットに並べ替えなければいけません。

入力する場合も並べ替える場合も大変です。

■弥生会計インポートの形式（一部）

	A	B	C	D	E	F	G	H	I	J	K
1	2000			2018/6/30	会議費			課税仕入	340	25	現金
2	2000			2018/7/1	交際費			課税仕入	10000	740	現金
3	2000			2018/7/2	消耗品費			課税仕入	320	23	現金
4	2000			2018/7/3	会議費			課税仕入	541	40	現金
5	2000			2018/7/6	通信費			課税仕入	830	61	現金

そこで、Excelでは自由な形式で入力し、弥生会計ルールへ変換する方法をオススメします。

たとえば、左側に仕訳形式で入力し、右側（J列以降）に弥生会計ルールに変換するといったものです。数式（＝）や関数を入れて連動させましょう。

■数式で連動

DLファイル⑧

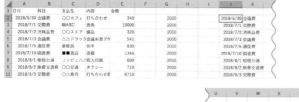

連動後、必要な部分だけ取り込むわけです。

■インポートする範囲

Excelでは出納帳形式で入力し残高を確認しながら入力するということもできます。

■出納帳形式の場合

科目については、入金欄が空欄かどうかで借方かどうかを判断するIF関数「もし、入金欄が空欄だったら、支払だから、貸方に相手科目が入る。そうでなかったら、入金だから、貸方に現金が入る」を入れましょう。

```
=IF(D3="",G3,"現金")
```

L	M	N	O	P	Q	R	S
2018/6/30	会議費			課税仕入	340	25	現金
2018/7/1	交際費			課税仕入	10,000	740	現金
2018/7/2	消耗品費			課税仕入	320	23	現金
2018/7/3	会議費			課税仕入	541	40	現金

　データの数だけ連動部分の数式をコピーするのを忘れないようにしましょう。コピーを忘れると正しく取り込めません。
　この部分でマクロを使うと便利です（p.127）。

● **インポート時の注意**
　数式連動の場合、基本形のようにコピーして貼り付けると、こうなってしまいます。
　数式がエラーになるのです。

	A	B	C	D	E	F	G	H
1	2000			#REF!	#REF!			#REF!
2								
3								
4								
5								
6								
7								
8								

値のみを貼り付けましょう（[Ctrl] + [C]の後、[Ctrl] + [V] → [Ctrl] → [V]）。

ただ、値のみ貼り付けると、日付も値のみになってしまいますので、D列を選択して、[Ctrl] + [Shift] + [3]を押して書式も日付形式にしなければいけません。

■ クラウド会計へのインポート

クラウド会計ソフト（freee、マネーフォワードクラウド）は、従来の会計ソフトよりもインポート形式が自由です。必須項目さえあれば、Excelのどの列にどのデータがあってもインポートできます。

日付、借方科目、貸方科目、貸借金額（1つでかまいません）、摘要、消費税区分を使いやすいように配置しましょう。

クラウド会計ソフトは、次のような特徴があります。
・自由な形式で入力すると、インポート時に毎回項目を設定しなければいけない（できる限り、クラウド会計ソフトの項目にあわせてCSVファイルをつくりましょう）

■freeeのインポート画面

・インポートの反映に時間がかかる場合がある（従来の会計ソフトだとそんなことはない）
・インポートしたデータの修正、削除はかえって手間がかかる
・CSVファイルにしなくても、Excelファイルのままとりこむこともできる

　クラウド会計ソフトは便利なところもありますが、クラウドという特性（ネットにつながないといけない、ネットの速度に左右されるなど）、データ連動をメインに設計されていることから、入力がしやすいとはいえません。
　連動できないものは、Excelに入力してインポートを活用しましょう。

3 現金出納帳をつくる

現金出納帳をExcelでつくり、会計ソフトにインポートする事例を考えてみましょう。

DLファイル⑨

	A	B	C	D	E	F	G	H
1	日付	取引先	内容	入金	支出	残高	科目	税区分
2						30,000		
3	2018/6/30(土)	○○カフェ	打ち合わせ		340	29,660	会議費	課税仕入
4	2018/7/1(日)	㈱ABC	香典		10,000	19,660	交際費	課税仕入
5	2018/7/2(月)	○○ストア	備品		320	19,340	消耗品費	課税仕入
6	2018/7/3(火)	△△ドラッグ	会議お菓子代		541	18,799	会議費	課税仕入
7	2018/7/6(金)	郵便局	切手		830	17,969	通信費	課税仕入
8	2018/7/10(火)	■■書店	書籍		1,344	16,625	図書費	課税仕入
9	2018/8/1(水)	コンビニ△△	収入印紙		600	16,025	租税公課	対象外

■ 現金出納帳のつくり方

現金出納帳は、日付、入金、支払、科目、相手先、内容、残高から構成されます（項目の順序は自由です）。

相手先と内容をわけておいたほうが、Excelの予測入力機能（すでに「ローソン」と入力していれば、原則として「ロ」を入力した時点で候補として表示される）を便利に使えるのでおすすめです。

■ 関数・マクロを使うとかっこいい？

「関数を使いこなす」「マクロを使いこなす」というと、かっこよく効率化できるような気もします。確かに、効率化できる部分もあるのですが、使わずにすむならそれにこしたことはありません。

私は、Excelで作る現金出納帳でも、関数やマクロは使いません。関数を使わずとも、Excelの機能そして、数式を使えば十分です。

数式とは、「＝」ではじまり、「＋」「-」「*」「/」といった加減乗除、つまり足し算、引き算、かけ算、割り算のことをいいます。

これなら、特別な知識やテクニックは必要ありません。アイデア次第です。

■ Excel現金出納帳の作り方とテクニック

私がExcelで現金出納帳を作るなら、次のように作ります。

❶項目を作る

現金出納帳の項目は、一般的に次のようなものです。入力しやすければ、どんな順番でもかまいません。

	A	B	C	D	E	F	G	H
1	日付	取引先	内容	入金	支出	残高	科目	税区分
2								
3								
4								

重要なのは、次の点です。
・罫線を引かないこと
・無駄に空白の列を作らないこと
・セルを結合しないこと

理由は、後述するテーブルを使うからです。

❷残高を入れる

現金出納帳を入力する時点の残高を入れましょう。

■残高を入力

	A	B	C	D	E	F
1	日付	取引先	内容	入金	支出	残高
2						30,000
3						

❸残高を計算する数式を入れる

残高を計算する数式を入れます。関数は必要ありません。

1行上の［残高］（F2）に［入金］（D3）を足して、［支払］（E3）を引きます。

■残高を計算する数式の入力

	A	B	C	D	E	F
1	日付	取引先	内容	入金	支出	残高
2						30,000
3						=F2+D3-E3
4						

こういった数式を入力するときにマウスを使わないクセをつけましょう。

セルF3に［＝］を入れる

[↑]を押し、セルF2を選択

［＋］を入れる

[←][←][↓]で、セルD3を選択

［－］を入れる

[←]でセルE3を選択

[Enter]を押す

としたほうがスピードが上がり、他の操作への応用もききます。

❹数値を桁区切りにする

見やすくするために、数値が入る［入金］［支払］［残高］を桁区切り（カンマ区切り）にしておきます。［10000］よりも［10,000］が見やすいはずです。

数値が入るC列、D列、F列を選択して（C列を選択し、[Ctrl]を押しながらD列、F列を選択）、[Ctrl]＋[Shift]＋[1]で桁区切りにできます。

■桁区切りの設定

	A	B	C	D	E	F	G	H
1	日付	科目	入金	支払	内容	残高		
2						10,000		
3						10,000		
4								

❺日付を設定する

現金出納帳の日付は「曜日」があると便利です。

日付の列（A列）を選択して Ctrl + 1 でセルの書式設定をしましょう。［表示形式］の［分類］から［ユーザー定義］を選び、［種類］で、「yyyy/m/d（aaa）」と設定すれば、「2018/7/1（日）」というように表示できます。

「yyyy」は年（year）で、「m」は月（month）、「d」は日（day）の意味です。

■日付の設定

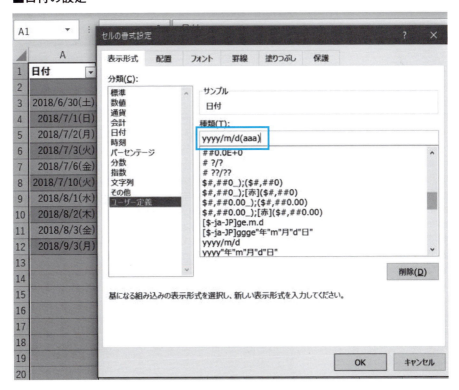

❻入力規則を設定する

現金出納帳では、［日付］［入金］［支払］［残高］は英数モード、［科目］［内容］は日本語モードで入力しなければいけません。

このモードを切り替えなくていいように、「入力規則」という機能を使うと便利です。

［日付］［入金］［支払］［残高］は、画面上部のリボンの［データ］→［データの入力規則］の［日本語入力］で、［オフ］にして英数モードで、［科目］［内容］は、［日本語入力］を［オン］にして、日本語モードで入力できるようにしましょう。

■日本語入力をオフ

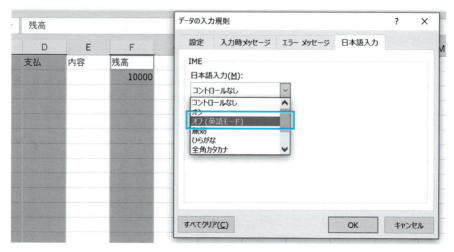

■日本語入力をオン

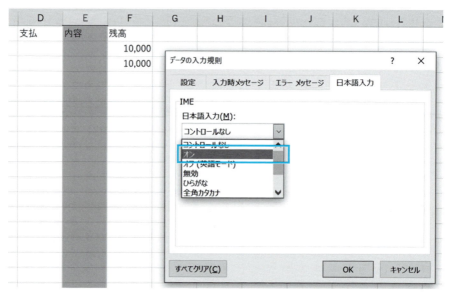

❼テーブルにする

　1つだけデータを入力してから、テーブルにします。

　データ内にカーソルを置いて Ctrl + T → Enter を押しましょう。

　テーブルにすると、データを入力して Tab を押せば、次の行が追加され、

■テーブルへの入力

	A	B	C	D	E	F
1	日付	取引先	内容	入金	支出	残高
2						30,000
3	2018/6/30(土)	○○カフェ	打ち合わせ		340	29,660
4						
5						

　数式もコピーでき、1行ごとの色も設定されます。

	A	B	C	D	E	F
1	日付	取引先	内容	入金	支出	残高
2						30,000
3	2018/6/30(土)	○○カフェ	打ち合わせ		340	29,660
4						29,660
5						

　その他、科目や消費税区分はp.119の方法で、VLOOKUP関数を使って連動しましょう。

■Excel現金出納帳で気をつけるべきこと

　Excel現金出納帳を効率的に、かつ効果的に使うため、次のような点に気をつけましょう。

❶罫線はいらない

　従来の現金出納帳のような罫線はいりません。これまでの概念を捨て、データとして扱いましょう。

	年月日	摘要	収入金額	支払金額	差引残高

❷月で区切らない

　月で区切り、9月、10月……とシートに分けたり、ファイルに分ける必要はありません。1年のデータを同じシートで管理してもよく、データが入れば複数年入力しても大丈夫です。

　そのほうが管理しやすくなりますし、残高を繰り越すミスもなくなります。

■同じシートに入力

	A	B	C	D	E	F	G	H
3	2018/6/30(土)	○○カフェ	打ち合わせ		340	29,660	会議費	課税仕入
4	2018/7/1(日)	㈱ABC	香典		10,000	19,660	交際費	対象外
5	2018/7/2(月)	○○ストア	備品		320	19,340	消耗品費	課税仕入
6	2018/7/3(火)	△△ドラッグ	会議お菓子代		541	18,799	会議費	課税仕入
7	2018/7/6(金)	郵便局	切手		830	17,969	通信費	課税仕入
8	2018/7/10(火)	■■書店	書籍		1,344	16,625	図書費	課税仕入

❸会計ソフトへインポート

　せっかくExcelに入力したのですから、会計ソフトにインポートしましょう。現金出納帳の右側にデータを作るようにすれば、取り込めます。

■会計ソフトインポート用データの例

I	J	K	L	M	N	O	P	Q
日付	借方科目	貸方科目	金額	摘要	借方消費税	消費税額	借方消費	消費税額
2018/6/30	会議費	現金	340	○○カフェ 打ち合わせ	課税仕入	25	対象外	0
2018/7/1	交際費	現金	10000	㈱ABC 香典	対象外	740	対象外	0
2018/7/2	消耗品費	現金	320	○○ストア 備品	課税仕入	23	対象外	0
2018/7/3	会議費	現金	541	△△ドラッグ 会議お菓子代	課税仕入	40	対象外	0
2018/7/6	通信費	現金	830	郵便局 切手	課税仕入	61	対象外	0
2018/7/10	図書費	現金	1344	■■書店 書籍	課税仕入	99	対象外	0
2018/8/1	租税公課	現金	600	コンビニ△△ 収入印紙	対象外	44	対象外	0
2018/8/2	旅費交通費	現金	710	○○交通 タクシー	課税仕入	52	対象外	0
2018/8/3	現金	諸口	30000	引き出し	対象外	2222	対象外	0
2018/9/3	交際費	現金	18710	○△寿司 打ち合わせ飲食	課税仕入	1385	対象外	0

・Excelデータをメールで受け取り、会計ソフトに入力する
・Excelデータをプリントアウトしたものを郵送やFAXで受け取り、会計ソフトに入力する
・Excelデータを見ながら会計ソフトに入力する
・Excelデータをプリントアウトして、それを見ながら会計ソフトに入力する
といったことはやってはいけません。

■インポートをマクロで効率化

インポートはマクロで効率化できます。何度もやることになるインポート、効率化しておくにこしたことはありません。

現金出納帳の右側（I列以降）に会計ソフトへのインポート形式にあわせてデータをつくっておきます。つくるのは、この最初の行（3行目）のみです。

■1行目のみ数式を入力

これをデータの数だけ（この場合12行目まで）コピーして、それをインポートします。データを数えるのはマクロの役割です。

さらに変換データを新しいシートにコピーし、書式を整えて、CSVファイルで保存します。

この過程をマクロで自動化するのです。

■会計ソフトへインポートするマクロ

```
Sub import ()

    '■データ数をカウント
        Dim Max_row As Long
        Max_row = Range ("a" & Rows.Count).End (xlUp).Row

    '■変換データの1行目をコピー
        Range ("i3", "q3").Copy Range ("i4", "q" & Max_row)

    '■すべての変換データをコピー
        Range ("i1", "q" & Max_row).Copy

    '■新しいブックを開く
        Workbooks.Add

    '■変換データを値のみ貼り付け
        Range ("a1").PasteSpecial Paste:=xlPasteValues

    '■A列の書式を「yyyy/mm/dd」に
        Columns ("a").NumberFormatLocal = "yyyy/mm/dd"

    '■import.csvという名称で、ファイルを保存
        Application.DisplayAlerts = False

            ActiveWorkbook.SaveAs Filename:=ThisWorkbook.Path & "¥import.csv",     ┐ 1行で
            FileFormat:=xlCSV, local:=True

            ActiveWorkbook.Close

        Application.DisplayAlerts = True

End Sub
```

もし、「先月のデータのみをフィルタリングしたい時は、次のマクロを使いましょう。

```
'■先月のデータを抽出して、会計ソフトへインポート
Sub import_filter ()

    '■データ数をカウント
        Dim Max_row As Long
        Max_row = Range ("a" & Rows.Count).End (xlUp).Row

    '■変換データの1行目をコピー
        Range ("i3", "q3").Copy Range ("i4", "q" & Max_row)

    '■先月でフィルタリング
        Range ("i2").AutoFilter
```

```
        Range ("i2").AutoFilter field:=1, Criteria1:=xlFilterLastMonth, _
        Operator:=xlFilterDynamic
```
　　　　　　　　　　　　　　　　　　　　　　　　　　　1行で
　　　　　　　　　　　　　　　　　　　　　　　　先月

```
'■フィルタリングした変換データをコピー
        Range ("i2", "q" & Max_row).Copy

'■新しいブックに、変換データを貼り付け
        Workbooks.Add

'■変換データを値のみ貼り付け
        Range ("a1").PasteSpecial Paste:=xlPasteValues

'■A列の書式を「yyyy/mm/dd」に
        Columns ("a").NumberFormatLocal = "yyyy/mm/dd"

'■import.csvという名称で、ファイルを保存
        Application.DisplayAlerts = False

        ActiveWorkbook.SaveAs Filename:=ThisWorkbook.Path & "¥import.csv", _
        FileFormat:=xlCSV, local:=True

        ActiveWorkbook.Close

        Application.DisplayAlerts = True

        ThisWorkbook.ActiveSheet.Range ("i2").AutoFilter

End Sub
```
　　　　　　　　　　　　　　　　　　　　　　　　　　　1行で

　もし、任意の月のデータのみインポートしたい時は、次のマクロを使いましょう。

　マクロのFilter_Month = 9の数字を変えれば、その月のみをインポートできます。

　なお、それぞれCSVデータができるのは、このマクロファイルを保存している場所です。

■特定月を抽出して、会計ソフトへインポートするマクロ

```
Sub import_filter_month ()

   Dim Filter_Month
   Dim Criteria_Month

'■月を変更
   Filter_Month = 9      ← インポートしたい月へ変更

'■月によって処理を変更
   Select Case Filter_Month
       Case "1"
           Criteria_Month = xlFilterAllDatesInPeriodJanuary
       Case "2"
           Criteria_Month = xlFilterAllDatesInPeriodFebruray
       Case "3"
           Criteria_Month = xlFilterAllDatesInPeriodMarch
       Case "4"
           Criteria_Month = xlFilterAllDatesInPeriodApril
       Case "5"
           Criteria_Month = xlFilterAllDatesInPeriodMay
       Case 6
           Criteria_Month = xlFilterAllDatesInPeriodJune
       Case "7"
           Criteria_Month = xlFilterAllDatesInPeriodJuly
       Case "8"
           Criteria_Month = xlFilterAllDatesInPeriodAugust
       Case "9"
           Criteria_Month = xlFilterAllDatesInPeriodSeptember
       Case "10"
           Criteria_Month = xlFilterAllDatesInPeriodOctober
       Case "11"
           Criteria_Month = xlFilterAllDatesInPeriodNovember
       Case "12"
           Criteria_Month = xlFilterAllDatesInPeriodDecember
   End Select

'■データ数をカウント
   Dim Max_row As Long
   Max_row = Range ("a" & Rows.Count) .End (xlUp) .Row
'■変換データの1行目をコピー
   Range ("i3", "q3") .Copy Range ("i4", "q" & Max_row)

'■月でフィルタリング
   ActiveSheet.AutoFilterMode = False

   Range ("i2") .AutoFilter field:=1, Criteria1:=Criteria_Month, Operator:=xlFilterDynamic     ⎤ 1行で

'■フィルタリングした変換データをコピー
   Range ("i2", "q" & Max_row) .Copy
```

```
    '■新しいブックに、変換データを貼り付け
      Workbooks.Add

    '■変換データを値のみ貼り付け
      Range("a1").PasteSpecial Paste:=xlPasteValues

    '■A列の書式を「yyyy/mm/dd」に
      Columns("a").NumberFormatLocal = "yyyy/mm/dd"

    '■import.csvという名称で、ファイルを保存
      Application.DisplayAlerts = False

        ActiveWorkbook.SaveAs Filename:=ThisWorkbook.Path & "¥import.csv", _
        FileFormat:=xlCSV, local:=True

        ActiveWorkbook.Close

        Application.DisplayAlerts = True

        ThisWorkbook.ActiveSheet.Range("i2").AutoFilter

    End Sub
```

（右側注記：1行で）

　ネットバンクのデータを変換しインポート、預金通帳を入力（入力せざるを得ないとき）も同様のやり方で効率化できます。

4 Excelデータから請求書をつくる

■Excelで請求書をつくるなら、データからつくる

Excelでこういった請求書をつくることもあります。

■Excelでつくった請求書

ただ、こういったExcel請求書のままだと、不便です。

「今月の請求金額合計＝売上合計」が一目でわからない、という問題があります。

結局は、
・Excel請求書を見ながら、売上を入力する
・プリントアウトした請求書を見ながら売上を入力する
といったことをせざるを得ません。

請求した金額＝売上は、入金されているどうかのチェックも必要です。そのチェックも請求書のままだと手間がかかります。

また、会計ソフトへも入力しなければならず、請求書を見ながら会計ソフトに入力する二度手間も発生してしまうのです。

次のような「売上の分析」などをするひまなど到底ありません。
・どんな商品が売れていて
・どんなお客様が買ってくれていて
・今後その商品に力を入れていくべきかどうか

次のようなデータの形式なら、「合計を出す」ことも「入金管理する」ことも「会計ソフトに取り込む」ことも「分析する」こともできます。

■請求書データ

先のような請求書の形式では、ダメなのです。紙の請求書、手書き請求書の延長上でしかありません。

Excelで請求書をつくるなら、データからつくりましょう。

■Excelマクロで請求書をつくる流れ

●Excelファイルの構成

Excelマクロで請求書をつくるには、次の3枚のシートを使います。

・請求書データ（「data」）

・請求書のひな型（「master」）

・住所、担当者名等（「顧客データ」）

このうち、請求書データ（シート「data」）には、VLOOKUP関数を使って、シート「顧客データ」から名称を連動させています。顧客コードを入力すれば、会社名や担当者名（顧客データから連動）が表示されるので、楽で、ミスがありません。

=VLOOKUP（[@顧客コード],顧客データ!$A:$D,2,FALSE）

■請求書データ

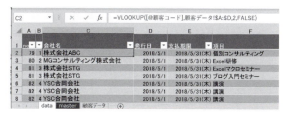

また、データがあれば、インポートにも使えます（事例はシンプルなかたちにしていますが、実際はお使いの会計ソフトに合わせましょう）。

■売上データをインポート

●マクロで転記する部分

　マクロでやるのは、請求書データ（シート「data」）から、請求書のひな型（シート「master」）への転記です。

　人間がやるなら、コピーして貼り付けを繰り返す手間がかかりますし、ミスの可能性もありますが、マクロならミスなく繰り返してくれます。

　転記しているのは、次のデータです。

・請求書ナンバー
・顧客コード
・日付
・支払期限
・請求データ（項目、内容、金額）

■マクロで転記する箇所

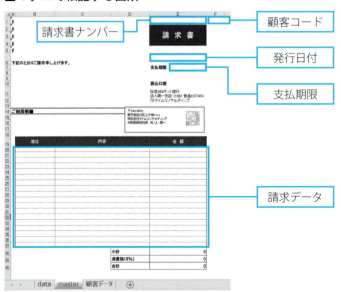

　すべてのデータをマクロで転記することもできますが、Excel側でやったほうが、つくりやすくメンテナンスしやすい部分もあるため、マクロとExcelを組み合わせています。

　日付は、ひな型に書式を設定しておき（Ctrl＋1）、「2018年5月1日」と表示されるようにしておきましょう。

■日付の書式変更

● Excelで計算する部分

小計、消費税の計算、合計は、Excelで計算しています。

■Excelで計算する箇所

● ExcelのVLOOKUP関数で連動する部分

　顧客コードは、請求書の印刷範囲外（セルF1）に転記し、そのコードをVLOOKUPで読み取っています。

■顧客データを連動

　コードが1なら、「株式会社ABC」のデータ（住所、担当者等）を連動して表示します。

　こういうしくみをつくっておき、マクロ部分をつくっていく流れです。

●請求書作成マクロ（データが１行）

まず、請求書データが１行ずつの場合を考えてみます。

■請求書データ

A	B	C	D	E	F
no		会社名	発行日	支払期限	項目
79	1	株式会社ABC	2018/5/1	2018/5/31(木)	個別コンサルティング
80	2	MGコンサルティング株式会社	2018/5/1	2018/5/31(木)	Excel研修
81	3	株式会社STG	2018/5/1	2018/5/31(木)	Excelマクロセミナー

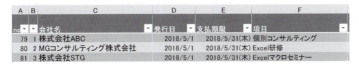

マクロはこういったものです。

■請求書作成マクロ（データ１行）

```
Sub invoice0 () 'データが１行の場合


'選択したデータで繰り返す
   Dim i As Long
   For i = Selection (1). Row To Selection (Selection.count). Row

      'ひな形のデータ (明細欄) をクリア
      Worksheets ("master"). Range ("b20", "e37"). ClearContents

      'データの転記
      Worksheets ("master"). Range ("e1"). Value = Worksheets ("data"). Range   1行で
      ("a" & i). Value'請求書番号
      Worksheets ("master"). Range ("f1"). Value = Worksheets ("data"). Range   1行で
      ("b" & i). Value 'コード
      Worksheets ("master"). Range ("e5"). Value = Worksheets ("data"). Range   1行で
      ("d" & i) .Value '発行日
      Worksheets ("master"). Range ("e8"). Value = Worksheets ("data"). Range   1行で
      ("e" & i). Value '支払期限
      Worksheets ("master"). Range ("b20"). Value = Worksheets ("data").   1行で
      Range ("f" & i). Value '項目
      Worksheets ("master"). Range ("c20"). Value = Worksheets ("data").   1行で
      Range ("g" & i). Value '内容
      Worksheets ("master"). Range ("e20"). Value = Worksheets ("data").   1行で
      Range ("h" & i). Value '金額


      'PDF ファイルとして保存
         Worksheets ("master"). ExportAsFixedFormat Type:=xlTypePDF,   1行で
         Filename:=ThisWorkbook. Path & "¥" & Worksheets ("data"). Range
         ("c" & i). Value & "様　請求書" & ". pdf"

   Next

End Sub
```

順を追ってみていきます。

forは、繰り返しを指示する構文です。

forからNextまでを繰り返します。

```
Dim i
For i = 1 to 10
Next
```

と通常書きます。

　iというのは箱のようなもので、1 to 10なら、1から10までをiに入れて繰り返すという意味です（変数といいます）。

　今回の場合、少し工夫しています。

　請求書をつくるときは、〇月という指定もできますし、シートにあるすべてのデータという指定もできますが、「選択したデータ」で請求書をつくるというしくみにしておいたほうが、便利です。

　請求書をつくるのは原則として月に１回なのですが、そうでない場合もありえます。つくりたい請求書を選択して、マクロを実行したほうが使いやすくなるわけです。

```
For i = Selection（1）.Row To Selection（Selection.count）.Row
```

なので、「Selection（1）.Row」（選択した１行目）から、「Selection（Selection.count）.Row」（選択した最終行）まで繰り返します。

　Selection（Selection.count）.RowのSelection.countで何行選択したか、数えてくれるのです。

　この場合は、３行なので、Selection.countは３。２行目から３つ、つまり４行までのデータを指定していることになります。

Selection(1).Row

Selection(Selection.count).Row

	A	B	C	D
1	no		会社名	発行日
2	79	1	株式会社ABC	2018
3	80	2	MGコンサルティング株式会社	2018
4	81	3	株式会社STG	2018

次にやるのは、ひな型の明細欄のクリアです。

前のデータが入っていると間違いが起こりやすいため、クリアしています。

```
Worksheets("master").Range("b20","e37").ClearContents
```

次に、データをそれぞれ転記します。

たとえば、

```
Range("e1").Value = ThisWorkbook.Worksheets("data").Range("a" & i).Value （1行で）
```

では、2行目のデータ（i = 2）なら、ひな形をコピーしたシートのセルE1に、このブックのシート「data」のセルA2の値（79）を入れるというしくみです。

なお、こういった部分は、もっと短い文にすることもできるのですが、かえって混乱することもあるので（特にはじめたばかりの方は）、あえて長めにするようにしています。

転記が終わったら、PDFで保存しましょう。

```
Worksheets("master").ExportAsFixedFormat Type:=xlTypePDF, Filename:=ThisWorkbook.Path & "¥" & Worksheets("data").Range("c" & i).Value & "様　請求書" & ".pdf" （1行で）
```

ファイル名は、

> ThisWorkbook.Path & "¥" & Worksheets ("data"). Range ("c" & i). Value & "様　請求書" & ".pdf"　(1行で)

としています。

ThisWorkbook.Path

というファイルがあるフォルダに

Worksheets ("data"). Range ("c" & i). Value　シート「data」のC列（会社名）と & "様　請求書" & ".pdf"「様　請求書」をつなげると、

「株式会社ABC様　請求書.pdf」

というファイル名になります。

　これで請求書PDFが完成しました。
　データが何万行あっても同じ手間です。人間が作業することはありません。

●請求書作成マクロ（データが複数行）

データが1行ずつならさきほどのマクロで大丈夫なのですが、このように、同じ取引先で複数項目がある場合は、対応できません。

そこで、プログラムを少し変えていきます。

■請求書データ

■請求書作成マクロ（複数データ）

```
Sub invoice ()

'データが複数行ある場合の貼り付け位置（21行目に貼り付け）
    Dim n
    n = 21

'選択したデータで繰り返す
    Dim i As Long
    For i = Selection (1). Row To Selection (Selection.count). Row

        '上のデータと請求書番号が違う場合＝新たな請求書の場合
        If Worksheets ("data"). Range ("a" & i). Value <> Worksheets ("data").
        Range ("a" & i - 1). Value Then

        'ひな形のデータ（明細欄）をクリア
        Worksheets ("master"). Range ("b20", "e37"). ClearContents

        'データの転記
        Worksheets ("master"). Range ("e1"). Value = Worksheets ("data"). Range
        ("a" & i). Value '請求書番号
        Worksheets ("master").Range ("f1"). Value = Worksheets ("data"). Range
        ("b" & i). Value 'コード
        Worksheets ("master").Range ("e5"). Value = Worksheets ("data"). Range
        ("d" & i). Value '発行日
        Worksheets ("master").Range ("e8"). Value = Worksheets ("data"). Range
        ("e" & i). Value '支払期限
        Worksheets ("master").Range ("b20"). Value = Worksheets ("data"). Range
        ("f" & i). Value '項目
        Worksheets ("master"). Range ("c20"). Value = Worksheets ("data"). Range
        ("g" & i). Value'内容
        Worksheets ("master"). Range ("e20"). Value = Worksheets ("data"). Range
        ("h" & i). Value'金額
```

```
        '貼り付け位置をリセット
        n = 21

    '上のデータと請求書番号が同じ場合＝同じ請求書にする場合、項目のみを追加
    Else
        Worksheets ("master").Range ("b" & n).Value = Worksheets ("data").Range ("f" & i).Value '項目
        Worksheets ("master").Range ("c" & n).Value = Worksheets ("data").Range ("g" & i).Value '内容
        Worksheets ("master").Range ("e" & n).Value = Worksheets ("data").Range ("h" & i).Value '金額
        n = n + 1


    End If

    'PDFファイルとして保存
    Worksheets ("master").ExportAsFixedFormat Type:=xlTypePDF, Filename:=ThisWorkbook.Path & "¥" & Worksheets ("data").Range ("c" & i).Value & "様　請求書" & ".pdf"

Next

End Sub
```

データが複数ある場合は、このように同じシートに転記してほしいものです。

■請求書への転記

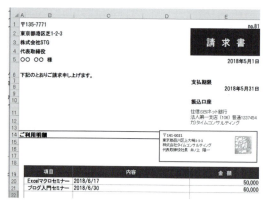

そこで、IFを追加しました。

最初に、「A列の1つ上のセルと違うときは」という条件にしています。

If ThisWorkbook.Worksheets ("data"). Range ("a" & i). Value <> ThisWorkbook.Worksheets ("data"). Range ("a" & i‑1). Value Then（1行で）

で、

ThisWorkbook.Worksheets ("data"). Range ("a" & i). Value

と

ThisWorkbook.Worksheets ("data"). Range ("a" & i‑1). Value

を比較しているわけです。
　iが5のとき、
IThisWorkbook.Worksheets ("data"). Range ("a" & i). Value は、セルA5、
ThisWorkbook.Worksheets ("data"). Range ("a" & i‑1). Value は、セルA4のことになり、
A4とA5が一緒かどうかを判定します。

■1つ上のセルとの比較

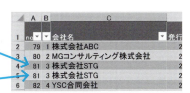

違っていれば、最初のプログラムのように、20行目に転記します。

■20行目への転記

そうでなければ、21行目以降に転記していきます。

ここで、21と固定してしまうと、3つ以上のデータに対応できません。そのため、nという変数をつかっています。

■21行目への転記

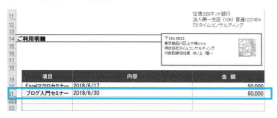

プログラムの最初のほうで、nという変数の初期値を21と設定します（設定しないと、0になります）。

複数のデータがある場合、21行目に貼り付けるからです。

項目、内容、金額を転記した後、

n=n+1

で、21に1加えて22にします。

○＝△で「○に△を入れる」という意味ですので、nにn＋1を入れていくという意味です。

さらにデータがある場合は、22行目、23行目……と1行ずつずらして転記で

きます。

　ただ、次の取引先になったときは、いったんデータをクリアし、貼り付け位置も21にリセットします。
　F8キーで1行ずつ実行して確認しましょう。

データが2つならこうなりますし、

■請求書データが2つ

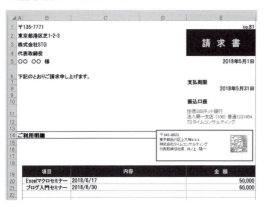

3つならこうなります。

■請求書データが3つ

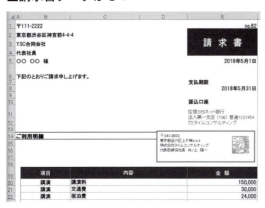

5 経費精算書を集計するしくみ

フォルダ内に大量の経費精算書がある場合、手でコピーしていたら大変です。こういったときにはマクロが便利です。

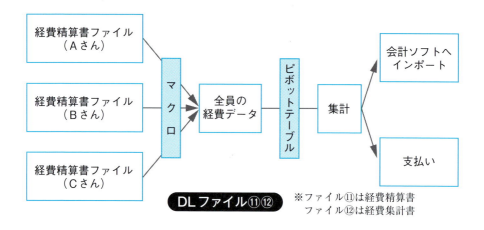

※ファイル⑪は経費精算書
　ファイル⑫は経費集計書

■Excelで経費精算書をつくる

Excelで経費精算書をつくるなら、例として、次のようなフォーマットが考えられます。

■経費精算書

	A	B	C	D	E
1			立替経費精算書		
2	2018年2月				
3				部署	
4				氏名	井ノ上陽一
5					
6				合計金額	3,067
7					
8					
9					
10	月日	科目	支払先	内容	金額
11	2/1(木)	旅費交通費	JR	渋谷→池袋	360
12	2/15(木)	図書研修費	Amazon	書籍	1,800
13	2/20(火)	発送配達費	ヤマト	宅配便	907
14	集計				3,067
15					

工夫しているところは、経費データの部分で、テーブル機能を使っている点です。

　該当部分を選択し、Ctrl + T でテーブルにしましょう。

　テーブルを使えば、最後の行まで入力した後、Tab キーを押せば、書式を維持したまま、次の行をつくることができます。

　網掛け（青、白、青……）のパターンもそのままです。

■テーブルにデータを追加

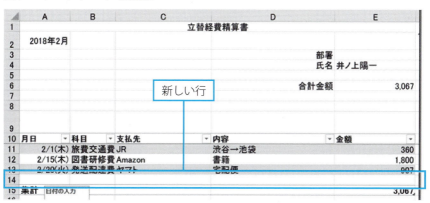

　テーブルをクリックして、上部の［テーブルツール］の［集計行］にチェックを入れれば、集計行が追加されます。

　SUMで計算するのと比べるとミスがありません。

　さらには、その合計をセルE6へ数式で連動しています。

■集計行の追加

■Excel経費精算書に繰越マクロを入れる

　この経費精算書は月ごとにシートを分けています。
　シート名は「2018年2月」といった形式で、これを集計マクロで使っているので、正しく入力しなければいけません。
「2018.2」
「2018年2月」
「h30.2」
「平成30年2月」
「2月」
「2」
では、ダメなわけです。
　本来は、正しく入力できるよう人が気を付けるべきなのですが、なかなかそうもいきません。そこで、人がやらなくていいようにします。
　繰り越す場合、「繰越」のボタンを押せば、

■2018年2月のシート

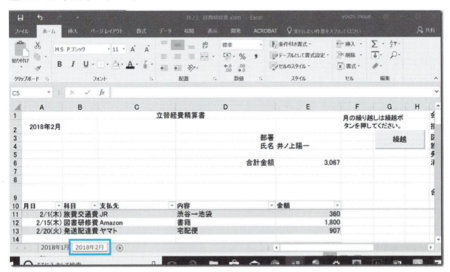

このように、繰り越すようにマクロを組み込んでみましょう。

■2018年3月のシート

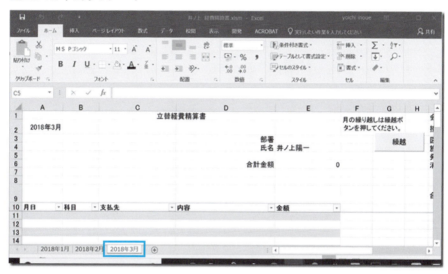

・シートをコピー
・セルA2の年月に1か月加算
・シート名を変更
・経費データをクリア
といったマクロです。

すでに繰越しているのに繰越ボタンを押してしまった場合のエラー処理（エラー時にメッセージを表示し、そのシートを削除）も入れています。

■シート繰越マクロ

```vb
Sub kurikoshi ( )

    'シートをコピー
    ActiveSheet.Copy after:=Worksheets (Worksheets.Count)

    '年月を次の月に
    Range ("a2") = DateAdd ("m", 1, Range ("a2"))

    On Error GoTo er    '→ 同じシート名があったら、エラー処理
    'シート名を変更
        ActiveSheet.Name = Year (Range ("a2"). Value) & "年" & Month (Range ("a2"). Value) & "月"       ← 1行で

    '経費データをクリア
    Dim Max_row As Long

    Max_row = Range ("a" & Rows.Count). End (xlUp). Row

    Rows ("11:" & Max_row - 1 ). ClearContents

    Exit Sub
                                                        エラーの場合、ここへ
'エラーの場合の処理
er:
    MsgBox ("すでに翌月のシートがあります。")

    Application.DisplayAlerts = False
        ActiveSheet.Delete
    Application.DisplayAlerts = True

End Sub
```

■フォルダ内のExcel経費精算書を集計するマクロ

　この経費精算書をプリントアウトして提出し、ハンコを押して……とやると、紙を見ながら会計ソフトに入力しなければいけません。データのままにしておき、それを集計したほうが効率的です。

　とはいえ、複数のファイル、シートにあるデータを集計するのは、Excelの苦手とすること。

　ここはマクロの出番です。

　経費精算書ファイルを同じフォルダにあらかじめ入れておき、マクロで集計します。ついでに会計ソフトへのインポートデータをつくるのが、このマクロです。

　参照ボタンを押し、経費精算書ファイルが入っているフォルダを指定します。

■経費集計シート

※参照ボタンには、keihi-folderというマクロを登録

次に年月を指定します。

　この数値を読み取って、各経費精算書の該当月のシートを読み込んでいるわけです。

■年月の指定・集計

※集計ボタンには、keihi-mergeというマクロを登録

集計ボタンを押せば、
・フォルダにある経費精算書ファイルを開き
・該当月の経費データをコピーし、
・経費集計ファイルのシート「経費」に貼り付ける
といった処理をファイルの数だけ、つまり社員の分だけ繰り返します。

　何人でも手間は同じです。フォルダに入れ、ファイル名に「経費精算書」が入っていれば、粛々と処理してくれます。
　こういったことを人がやっていたらキリがありません。
　大切なのは、Excelに入力すること。これが手書きだとアウトですし、好き勝手なフォーマットだったらマクロもかないません。

　Excelで入力なんて……と思われるかもしれませんが、やってみると手書きで電卓たたくよりはるかに楽でミスもありません。
　経費精算も仕事です。手書きでささっとやったりレシートを経理に丸投げすることにより、経理担当者が苦労するということはあってはいけません。
　全体の効率化を考えるべきです。
　そして、経費データをピボットテーブルで集計します。

■経費データ

	A	B	C	D	E	F	G
1	月日	科目	支払先	摘要	金額	氏名	部署
2	2018/2/7	図書研修費	紀伊国屋	書籍	6180	上村　真紀	
3	2018/2/10	会議費	スタバ	打ち合わせ	302	上村　真紀	
4	2018/2/17	図書研修費	㈱タイムコ	マクロ入門セミナ	54000	上村　真紀	
5	2018/2/25	発送配達費	郵便局	ゆうぱっく	580	上村　真紀	
6	2018/2/27	消耗品費	ダイソー	ホッチキス	108	上村　真紀	
7	2018/2/1	旅費交通費	JR	渋谷→池袋	360	井ノ上陽一	
8	2018/2/15	図書研修費	Amazon	書籍	1800	井ノ上陽一	
9	2018/2/20	発送配達費	ヤマト	宅配便	907	井ノ上陽一	
10	2018/2/4	旅費交通費	JR	新幹線	26500	綾乃　豪	
11	2018/2/28	接待交際費	うかい亭	懇親会	19800	綾乃　豪	

集計しているのは、社員別、科目別です。

■ピボットテーブルで経費を集計

行ラベル	合計 / 金額		行ラベル	合計 / 金額
向井 豪	61,170		会議費	302
山本 栄一	3,067		消耗品費	108
植村 祐子	46,300		図書研修費	61,980
(空白)			接待交際費	19,800
総計	110,537		発送配達費	1,487
			旅費交通費	26,860
			(空白)	
			総計	110,537

　この場合、ピボットテーブルをクリックして、［ピボットテーブル］の［分析］の［ピボットテーブル名］で、「P1」という名前をつけておきましょう。

　ピボットテーブルの集計をマクロでやります。

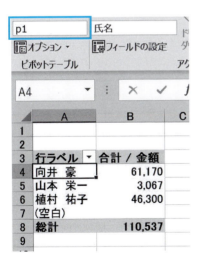

そして、集めた経費データは有意義に使いたいものです。ここで、弥生会計のデータ形式に数式で連動させ、マクロで仕上げをして、CSVデータに保存しています。

■経費データのインポート

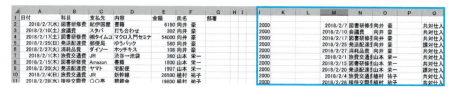

以下に、マクロのコードを載せています。アレンジして使ってみてください。

■フォルダを参照するマクロ

```
Sub keihi_folder ()

'経費精算書ファイルが入っているフォルダを指定
    If Application.FileDialog (msoFileDialogFolderPicker). Show = True Then
      Range ("l2"). Value = Application.FileDialog (msoFileDialogFolderPicker).
      SelectedItems (1)
    End If

End Sub
```

1行で

■経費データを集め、ピボットテーブルで集計するマクロ

```
Sub keihi_merge ()

    Dim Folder_path As String
    Folder_path = Range ("i2"). Value

'■経費集計ファイルの集計先シートを「経費」に指定
    Dim W_to As Worksheet
    Set W_to = Worksheets ("経費")

'■シート「経費」のデータをいったんクリア
    W_to.Range ("a2", "g2"). ClearContents
    W_to.Range ("a3", "ah" & Rows.Count). ClearContents

'■読み取る年月を指定
    Dim Data_month As String
```

```
            Data_month = Range ("i5"). Value & "年" &Range ("i6"). Value & "月"

'■経費精算書ファイルの読込開始行を指定
        Dim First_row As Long
        First_row = 11


'■フォルダから「経費精算書」という名前のファイルを検索して指定
        Dim Merge_book As String
        Merge_book = Dir（Folder_path & "¥*経費精算書.xls*"）

    Do Until Merge_book = ""

        '経費精算書ファイルを開く

        Workbooks.Open Filename:=Folder_path & "\" & Merge_book

        Dim W_from As Worksheet
        For Each W_from In Worksheets

            'もしシート名が該当月だったら
        If W_from.Name = Data_month Then

            '経費精算書ファイル（コピー元）
            Dim Max_row_from As Long
            Max_row_from = W_from.Range ("b" & Rows.Count). End (xlUp).
            Row

            '経費集計ファイル（貼り付け先）
            Dim Max_row_to As Long
            Max_row_to = W_to.Range("a" & Rows.Count). End(xlUp). Row + 1

            '氏名をコピー
            W_from.Range ("e4"). Copy W_to.Range ("f" & Max_row_to)

            '経費データをコピー
            W_from.Range ("a" & First_row, "e" & Max_row_from - 1). Copy
            W_to.Range ("a" & Max_row_to). PasteSpecial Paste:=xlPasteValues

        End If

    Next


    '経費精算書ファイルを閉じる
    Application.DisplayAlerts = False
    Workbooks（Merge_book）. Close
    Application.DisplayAlerts = True

    Merge_book = Dir（ ）
Loop


'ピボットテーブル用に、経費データの氏名データを埋める
```

（1行で）

```vb
    Dim keihi_Max_row
    keihi_Max_row = Worksheets ("経費"). Range ("a" & Rows.Count). End (xlUp).Row    ' 1行で

    Dim i
    For i = 2 To keihi_Max_row
        If Worksheets ("経費"). Range ("f" & i). Value = "" Then
            Worksheets ("経費"). Range ("f" & i). Value = Worksheets ("経費"). Range ("f" & i - 1). Value    ' 1行で
        End If

    Next

    Worksheets ("集計"). Select

    'ピボットテーブル更新
    ActiveSheet.PivotTables ("p1"). PivotCache.Refresh    ' ピボットテーブル名

'■弥生会計インポート用データを作成

    Worksheets ("経費"). Range ("j2", "ah2"). Copy Worksheets ("経費"). Range ("j3", "ah" & keihi_Max_row)    ' 1行で

'■新規ブックへコピー

    Worksheets ("経費"). Range ("j2", "ah" & keihi_Max_row). Copy

    Workbooks.Add

    Range ("a1"). PasteSpecial Paste:=xlPasteValues Columns ("d"). NumberFormatLocal = "yyyy/mm/dd"    ' 1行で

'■import.csvという名称で、ファイルを保存
    Application.DisplayAlerts = False

    ActiveWorkbook.SaveAs Filename:=ThisWorkbook.Path & "\import.csv", FileFormat:=xlCSV, Local:=True    ' 1行で

    ActiveWorkbook.Close

    Application.DisplayAlerts = True


End Sub
```

　経費精算システム・ソフトを入れればいいのでしょうが、そうもいかない場合も多いです。高くて使い勝手の悪いものも多いですし。
　Excel+マクロ+人のアイデアで、こういったものもつくれるのです。

第 6 章

Excel で経理＆会計業務
〜集計〜

経理＆会計業務では「集計」が欠かせません。
Excel で集計に使うのはピボットテーブル。
その使い方と事例を確認しましょう。

1 会計ソフトのデータをうまく使う

　Excelで集計する際は、会計ソフトのデータをうまく使いましょう。会計ソフトからデータをエクスポートすることができます。
　私がエクスポートしているのは、主に、
・仕訳データ
・推移表
の2つです。

　仕訳データからは、
・内容のチェック
・前期との比較
・消費税課税区分チェック
・資金繰り表
など。
　推移表データからは、
・推移表
・決算予測
・3期比較グラフ
・移動年計グラフ
・前期比較表
・予算実績管理表
などをつくることができます。

　ケースに応じて、補助残高推移表を使うこともありますが、この2つのデータがあれば、十分です。
　本章では、仕訳データからの集計を取り上げます。

2 仕訳データをピボットテーブルで集計

　仕訳データをExcelに出せば、ピボットテーブルで集計できます（サンプルは、一部のデータのみですが、実際はすべてのデータを貼り付けましょう。すべてのデータを随時更新したほうが扱いやすくミスしにくくなります）。

■仕訳データ　　　　　　　　　　　　　　　　　　　　　DLファイル⑬

	A	B	C	D	E	F	G
1	日付	借方	借方消費税	貸方	貸方消費税	金額	摘要
2	2017/4/1	旅費交通費	課税仕入	カード	対象外	11150	名古屋　新幹線
3	2017/4/2	旅費交通費	課税仕入	カード	対象外	10360	名古屋　新幹線
4	2017/4/4	消耗品費	課税仕入	カード	対象外	160700	ヨドバシ　MacBook
5	2017/4/6	旅費交通費	課税仕入	現金	対象外	210	バス
6	2017/4/6	旅費交通費	課税仕入	カード	対象外	165	Suica交通費
7	2017/4/7	広告宣伝費	課税仕入	現金	対象外	2640	郵便局　パンフレット郵送*
8	2017/4/10	旅費交通費	課税仕入	カード	対象外	165	Suica交通費
9	2017/4/11	交際費	課税仕入	カード	対象外	50000	E社　ご祝儀
10	2017/4/12	旅費交通費	課税仕入	カード	対象外	60000	出張　香港
11	2017/4/13	旅費交通費	課税仕入	カード	対象外	165	Suica交通費

　テーブル（Ctrl＋T）にして、ピボットテーブルで集計しましょう。［借方］［金額］で集計すれば、経費の集計ができます。

■仕訳をピボットテーブルで集計

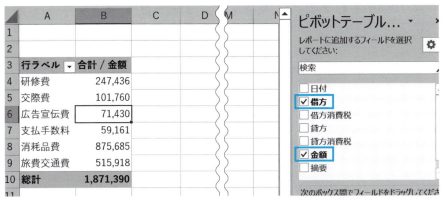

厳密には、貸方に経費項目があれば、実際の残高と異なりますので、注意しましょう。

経費項目は必ず借方にする（貸方にするなら借方にマイナスで入力する）ことでピボットテーブルが使いやすくなります。

また、税抜経理の場合、実際の残高と一致させるなら、税抜金額のデータまたは税抜金額を集計しなければいけません。

しかしながら、今回のように内容をチェックするだけなら、税込金額で集計してもかまいません。

さらに、［摘要］を組み合わせれば、一覧でチェックすることができるので便利です。異常値の発見にも使えます。

■科目・摘要別集計

	A	B	C
1			
2			
3	行ラベル	合計 / 金額	
4	■研修費		
5	BASE　教材	46,656	
6	MGNコンサルティング　セミナー	94,800	
7	Peatix　セミナー	9,800	
8	Udemy	7,700	
9	アイウエオフィス	26,000	
10	デジタルハリウッド　Adobe	33,380	
11	パソコン振込 エディタースクール	29,100	
12	研修費 集計	247,436	
13	■交際費		
14	A社　結婚祝い金	50,000	
15	DFS　手土産	1,760	
16	E社　ご祝儀	50,000	
17	交際費 集計	101,760	
18	■広告宣伝費		

ピボットテーブルを右クリックして、［並べ替え］→［降順］にすれば、チェックもしやすくなります。

■ピボットテーブルの並べ替え

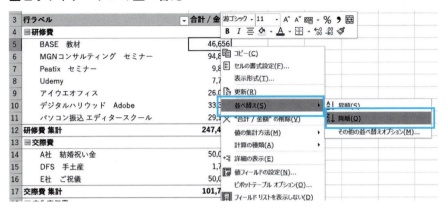

　仕訳をピボットテーブルで集計しておけば、ミスのチェックにもなりますし、どの科目にどういうものが入っているかがわかります。

　事前に確認しておき、報告時に活用しましょう。

　売上の合計や経費の合計だけでなく、より踏み込んで分析すれば、数字を経営に活かすことができます。

　ピボットテーブルを使って、売上を商品別、種類別、担当者別などといった項目で集計するのもおすすめです。

3 消費税課税区分のチェック

　消費税の課税区分をチェックする際に、ピボットテーブルを使うと便利です。
　p.202のピボットテーブルの列に、［借方消費税］を追加すると、次のようなピボットテーブルになります。

　たとえば、交際費の結婚祝い金は、消費税課税の対象外ですので、正しく処理されていることがわかるわけです。
　一方、同じく交際費のご祝儀は、課税仕入になっています。修正しなければいけません。

■科目・摘要・消費税区分別集計　　　　　　　　DLファイル⑭

	A	B	C	D
1				
2				
3	合計 / 金額	列ラベル		
4	行ラベル	課税仕入	対象外	総計
5	⊟研修費			
6	BASE　教材	46,656		46,656
7	MGNコンサルティング　セミナー	94,800		94,800
8	Peatix　セミナー	9,800		9,800
9	Udemy	7,700		7,700
10	アイウエオフィス	26,000		26,000
11	デジタルハリウッド　Adobe	33,380		33,380
12	パソコン振込 エディタースクール	29,100		29,100
13	研修費 集計	247,436		247,436
14	⊟交際費			
15	A社　結婚祝い金		50,000	50,000
16	DFS　手土産	1,760		1,760
17	E社　ご祝儀	50,000		50,000
18	交際費 集計	51,760	50,000	101,760

　修正は、会計ソフトでしなければいけない点に気をつけましょう。

この位置（セルB5）で、Alt → W → F → Enter を押すと、ウィンドウ枠を固定できます。

■行と列の固定

	A	B	C	D	E
1					
2					
3	合計 / 金額	列ラベル			
4	行ラベル	課税仕入	対象外	総計	
5	⊟研修費				固定
6	BASE　教材	46,656		46,656	
7	MGNコンサルティング　セミナー	94,800		94,800	
8	Peatix　セミナー	9,800		9,800	
9	Udemy	7,700		7,700	
10	アイウエオフィス	26,000		26,000	
11	デジタルハリウッド　Adobe	33,380		33,380	
12	パソコン振込 エディタースクール	29,100		29,100	
13	研修費 集計	247,436		247,436	
14	⊟交際費				
15	A社　結婚祝い金		50,000	50,000	

　スクロールしても、項目が見えるので、チェックしやすくなります。旅費交通費の「出張 香港」が課税仕入になっているので、修正の必要があることがわかりました。

■行と列を固定後、スクロール

	A	B	C	D	E
1					
2					
3	合計 / 金額	列ラベル			
4	行ラベル	課税仕入	対象外	総計	
104	高速	1,540		1,540	
105	札幌出張	20,000		20,000	
106	出張　香港	60,000		60,000	
107	新幹線　大阪	28,900		28,900	
108	大阪　出張	27,300		27,300	
109	大分→東京	11,790		11,790	
110	大分→福岡	9,200		9,200	

4 前期との仕訳データの比較

2期分の仕訳データがあれば、前期との比較をピボットテーブルですることができます。試算表でチェックするよりも、明確に何が違うのかがわかるので便利です。

まず、2期分のデータを準備しましょう。

■2期分の仕訳データ　　　　　　　　　　　　　　**DLファイル⑮**

	A	B	C	D	E	F	G
1	日付	借方	借方消費税	貸方	貸方消費税	金額	摘要
2	2016/4/4	支払手数料	課税仕入	現金	対象外	70	ファミマ　ネットプリント
3	2016/4/8	旅費交通費	課税仕入	カード	対象外	2260	EXタクシー
4	2016/4/9	支払手数料	課税仕入	現金	対象外	100	ローソン　プリント
5	2016/4/14	消耗品費	課税仕入	カード	対象外	4500	Evernote　プレミアム
6	2016/4/25	租税公課	対象外	現金	対象外	450	登記簿謄本
7	2016/4/26	消耗品費	課税仕入	カード	対象外	1188	キャンドゥ　消耗品費
8	2016/4/26	交際費	課税仕入	普通預金	対象外	10800	田中花店　開業祝
9	2016/4/29	支払手数料	課税仕入	現金	対象外	560	ローソン　プリント
10	2016/4/30	消耗品費	課税仕入	カード	対象外	302	クリネックスティシュー1:
11	2016/4/30	消耗品費	課税仕入	カード	対象外	528	エリエール
12	2016/4/30	旅費交通費	課税仕入	カード	対象外	7499	Suica交通費
13	2016/5/1	消耗品費	課税仕入	カード	対象外	309	ジャストシステム ダイレク

テーブル（Ctrl+T）にして、ピボットテーブルをつくります。

ただし、その前に「期」のデータを入れなければいけません。別のシートに期のデータを次のようにつくりましょう（3月決算の場合）。

・2016年4月1日～2017年3月31日　　5期
・2017年4月1日～2018年3月31日　　6期
・2018年4月1日～2019年3月31日　　7期

の場合です。

■「期」を連動するためのデータ

	A	B	C	D
1	期首	期		
2	2016/4/1	5		
3	2017/4/1	6		
4	2018/4/1	7		
5				
6				
7				

仕訳データにVLOOKUP関数で、この期をつけていきます。

=VLOOKUP（[@日付],期!A:B,2,TRUE）

■「期」を連動するしくみ

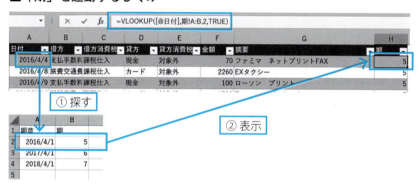

この場合、VLOOKUP関数の「検索の方法」は、False（完全一致）ではなく、TRUE（近似値）となります。

ピボットテーブルで、行に［借方］［摘要］、列に［期］、集計する値を［金額］にすれば、次のように集計できます。前期より研修費が多い理由がわかるわけです。

■科目・摘要・期別集計

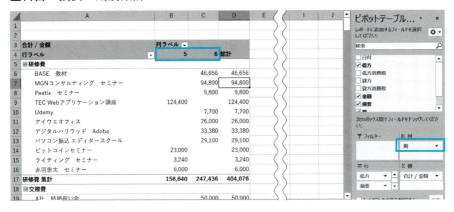

この場合、総計は意味がないので削除しましょう。

■総計の削除

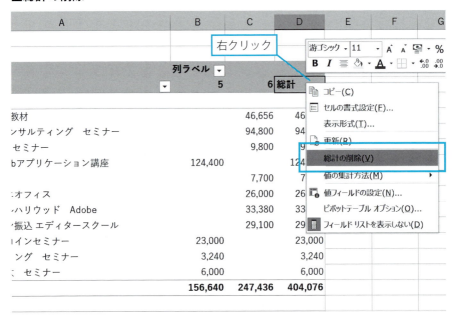

かわりに数式で差額を入れておきましょう。

■ピボットテーブルの数値で計算

	A	B	C	D	E
1					
2					
3	合計 / 金額	列ラベル			
4	行ラベル		5	6	
5	■研修費				
6	BASE　教材			46,656	=C6-B6
7	MGNコンサルティング　セミナー			94,800	94,800
8	Peatix　セミナー			9,800	9,800
9	TEC Webアプリケーション講座	124,400			-124,400
10	Udemy			7,700	7,700
11	アイウエオフィス			26,000	26,000
12	デジタルハリウッド　Adobe			33,380	33,380
13	パソコン振込 エディタースクール			29,100	29,100
14	ビットコインセミナー	23,000			-23,000
15	ライティング　セミナー	3,240			-3,240
16	赤羽恵太　セミナー	6,000			-6,000
17	研修費 集計	156,640	247,436		90,796
18	■交際費				0

　ピボットテーブルは、数式入力時にセルをマウスでクリックすると、このような数式になってしまいます。

■ Get Pivot Data

B	C	D	E	F	G	H	I	J
ラベル								
	5	6						
	46,656	=GETPIVOTDATA("金額",$A$3,"借方","研修費","摘要","BASE　教材","期",6)						
	94,800	94,800						
	9,800	9,800						
124,400		-124,400						
	7,700	7,700						
	26,000	26,000						
	33,380	33,380						
	29,100	29,100						

これはこれで使いみちがあるのですが、多くの場合、使いにくくミスが起こりやすいので、「＝D6-D5」のようにセル指定で入力しましょう。
　または、Excelのオプション（Alt→T→O）の［数式］で、［ピボットテーブル参照にGetPivotData関数を使用する］のチェックを外してください。

■Get Pivot Dataの設定

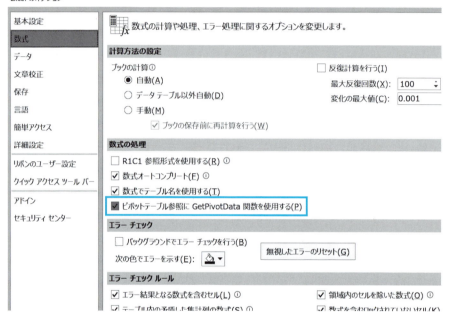

　ピボットテーブルも、テーブルと同様に、デザインを変えることができます。ピボットテーブルを選択して、［ピボットテーブルツール］の［デザイン］で変更してみましょう。
　小計や項目名の色を変えると見やすくなります。

■ピボットテーブルのスタイル変更

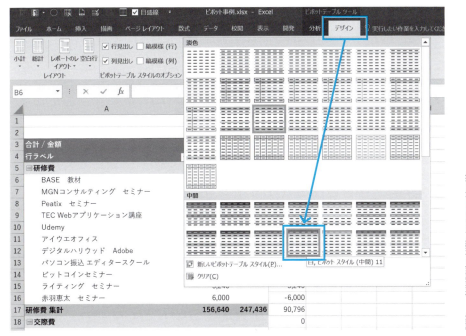

5 仕訳データから資金繰り表をつくる

　会計ソフトのデータから資金繰り表をつくることができます。手順は以下のとおりです。

①会計ソフトから仕訳データを取り出しExcelへ貼り付ける

↓

②仕訳データに資金繰り表用のデータを数式で追加する

↓

③データをピボットテーブルで集計する

↓

④ピボットテーブルとVLOOKUP関数で連動して、資金繰り表をつくる

❶**会計ソフトから仕訳データを取り出しExcelへ貼り付ける**

　このように貼り付けておきます。

■仕訳データ　　　　　　　　DLファイル⑯

	A	B	C	D	E
1	日付	借方	貸方	金額	摘要
2	2018/5/7	預り金	普通預金	502,013	
3	2018/6/19	預り金	普通預金	52,355	
4	2018/4/27	売掛金	売上高	29,446,965	
5	2018/5/28	売掛金	売上高	23,309,218	
6	2018/6/3	売掛金	売上高	25,485,712	
7	2018/4/29	買掛金	普通預金	14,851,871	
8	2018/5/20	買掛金	普通預金	11,514,755	

❷仕訳データに資金繰り表用のデータを数式で追加する

仕訳データに次のような項目とデータを追加します。

■数式でデータ追加

	A	B	C	D	E	F	G	H
1	日付	借方	貸方	金額	摘要	判定	相手科目	項目
2	2018/5/7	預り金	普通預金	502,013		貸方	預り金	支払
3	2018/6/19	預り金	普通預金	52,355		貸方	預り金	支払
4	2018/4/27	売掛金	売上高	29,446,965				支払
5	2018/5/28	売掛金	売上高	23,309,218				支払
6	2018/6/3	売掛金	売上高	25,485,712				支払
7	2018/4/29	買掛金	普通預金	14,851,871		貸方	買掛金	支払
8	2018/5/20	買掛金	普通預金	11,514,755		貸方	買掛金	支払

・**判定**

資金繰りに使うかどうかの判定です。

=IFERROR（VLOOKUP（[@借方],コード!$A$1:$B$6,2,FALSE),IFERROR（VLOOKUP（[@貸方],コード!$A$1:$C$6,3,FALSE),""））　1行で

■資金繰りの判定

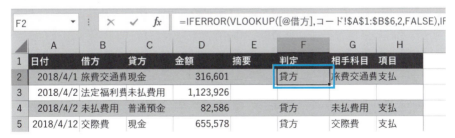

シート「コード」にあらかじめ資金項目を設定しておきましょう。資金繰りに反映されるものを入れておきます。

■判定のためのコード表

	A	B	C
1	現金	借方	貸方
2	当座預金	借方	貸方
3	普通預金	借方	貸方
4	定期預金	借方	貸方
5	定期積金	借方	貸方
6	郵便貯金	借方	貸方
7			
8			

その上で、借方をVLOOKUP関数でコード表から探し、見つかれば「借方」を表示し、借方ではなく貸方が見つかれば「貸方」、どちらにもなければ、空欄になります。たとえば、売掛金/売上高の取引は、資金項目がないため資金繰りに反映しない=集計しないので、この判定は、空欄です。

・相手科目

次に資金科目の相手科目を表示します。普通預金/売掛金なら、「売掛金」です。IFで、借方に資金科目があれば相手科目は貸方、貸方に資金科目があれば相手科目は借方の科目を表示しています。

=IF（F2="借方",［@貸方］,IF（F2="貸方",［@借方］,""））

■相手科目の表示

	A	B	C	D	E	F	G	H
1	日付	借方	貸方	金額	摘要	判定	相手科目	項目
2	2018/4/1	旅費交通費	現金	316,601		貸方	旅費交通費	支払
3	2018/4/2	法定福利費	未払費用	1,123,926				
4	2018/4/2	未払費用	普通預金	82,586		貸方	未払費用	支払
5	2018/4/12	交際費	現金	655,578		貸方	交際費	支払
6	2018/4/15	給与手当	未払費用	11,239,262				

・項目

資金繰り表では、
・営業CF　入金　支払
・投資CF　売却　投資
・財務CF　借入　返済
といった6項目があります。

これらを、別シートにあらかじめ設定しておきましょう。E列の科目に対し、F列、G列に設定しておきます。

■資金繰り表の項目のためのコード表

D	E	F	G	H
	科目	借方	貸方	
	リース料	入金	支払	
	仮払金	入金	支払	
	仮払消費税	入金	支払	
	荷造運賃	入金	支払	
	給料手当	入金	支払	
	交際費	入金	支払	
	広告宣伝費	入金	支払	
	仕入高	入金	支払	
	支払手形	入金	支払	
	支払手数料	入金	支払	
	支払利息	入金	支払	
	事務用品費	入金	支払	

F列・G列の上に「項目」の範囲指定

これを、科目ごとにVLOOKUP関数で指定しているのです。判定が空欄のものは空欄にし、そうでないものに項目を入れていきます。

=IF（[@判定] ="","", VLOOKUP（G2,コード!E:G,IF（[@判定] ="貸方",3,2),FALSE)）　　※1行で

■資金繰り表の項目をつける

	A	B	C	D	E	F	G	H
1	日付	借方	貸方	金額	摘要	判定	相手科目	項目
2	2018/4/1	旅費交通費	現金	316,601		貸方	旅費交通費	支払
3	2018/4/2	法定福利費	未払費用	1,123,926				
4	2018/4/2	未払費用	普通預金	82,586		貸方	未払費用	支払

セルH2の数式:
`=IF([@判定]="","",VLOOKUP(G2,コード!E:G,IF([@判定]="貸方",3,2),FALSE))`

　この場合、「判定」欄が貸方、つまり貸方に資金科目があるということは、借方に相手科目の「旅費交通費」があり、資金繰り表上の「項目」は、「支払」となります。

❸データをピボットテーブルで集計する

　数式で処理したデータをピボットテーブルで集計します。ピボットテーブルで集計しているのは、科目が増減したときにも対応するためです。

　ここでは、2つのピボットテーブルを使います。

　1つは「入金、売却、借入」。もう1つは「支払、投資、返済」。

　2つに分けている理由は、入金と支払、売却と投資、借入と返済に同じ科目があった場合、この後のVLOOKUP関数による連動時に支障が出るからです。

　VLOOKUP関数は、検索して最初に見つけたものを連動します。その列の下の方に該当するものがあっても連動しません。

・シート「入金」のピボットテーブル

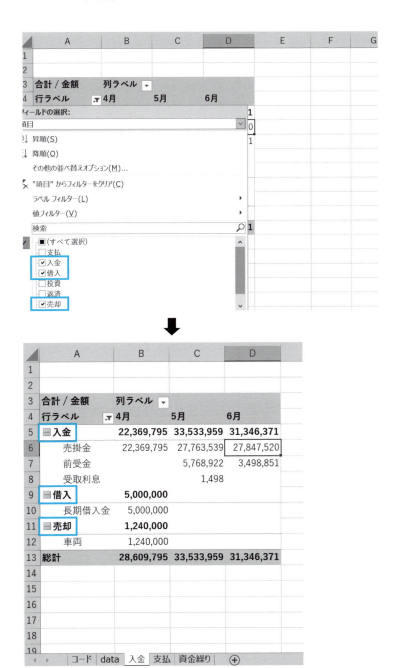

・シート「支払」のピボットテーブル

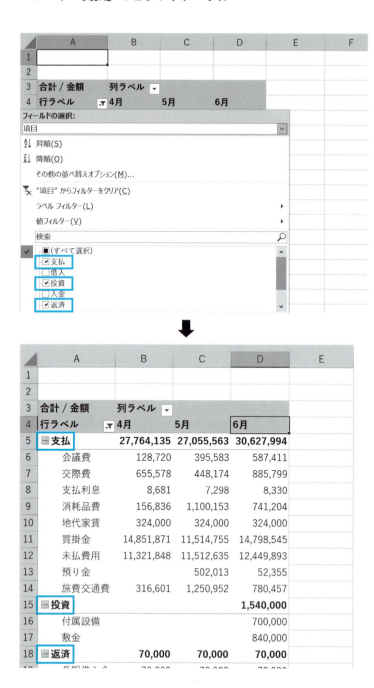

❹ピボットテーブルとVLOOKUP関数で連動して、資金繰り表をつくる

入金、支払のピボットテーブルからVLOOKUP関数で連動すると、このような資金繰り表になります。

■資金繰り表

	A	B	C	D	E
1			2018年4月	2018年5月	2018年6月
2	月初残高		23,385,714	19,146,374	17,996,370
3	入金	売掛金	22,369,795	27,763,539	27,847,520
4		前受金	0	5,768,922	3,498,851
5		その他	0	1,498	0
6	小計		22,369,795	33,533,959	31,346,371
7	支払	会議費	128,720	395,583	587,411
8		交際費	655,578	448,174	885,799
9		消耗品費	156,836	1,100,153	741,204
10		地代家賃	324,000	324,000	324,000
11		買掛金	14,851,871	11,514,755	14,798,545
12		未払費用	11,321,848	11,512,635	12,449,893
13		預り金	0	502,013	52,355
14		旅費交通費	316,601	1,250,952	780,457
15		未払法人税等	0	7,543,400	0
16					
17		その他	8,681	7,298	8,330
18	小計		27,764,135	34,598,963	30,627,994
19	営業CF		-5,394,340	-1,065,004	718,377
20	売却	車両	1,240,000	0	0
21					
22		その他	0	0	0
23	小計		1,240,000	0	0
24	投資	付属設備	0	0	700,000
25		敷金	0	0	840,000
26		その他	0	0	0
27	小計		0	0	1,540,000
28	投資CF		1,240,000	0	-1,540,000
29	借入	長期借入金	0	0	5,000,000
30		その他	0	0	0
31	小計		0	0	5,000,000
32	返済	長期借入金	85,000	85,000	85,000
33		その他	0	0	0
34	小計		85,000	85,000	85,000
35	財務CF		-85,000	-85,000	4,915,000
36	差引収支		-4,239,340	-1,150,004	4,093,377
37	月末残高		19,146,374	17,996,370	22,089,747

月末残高が、会計ソフトの数字と一致すれば、間違いないということです。

■月末残高

	A	B	C	D	E
1			2018年4月	2018年5月	2018年6月
34	小計		70,000	70,000	70,000
35	財務CF		4,930,000	-70,000	-70,000
36	差引収支		775,660	6,408,396	-891,623
37	月末残高		24,161,374	30,569,770	29,678,147
38					

●入金欄

まず、入金欄は、次のようなVLOOKUP関数で連動します。

B3の「売掛金」をシート「入金」のAからZ列の範囲で探し、A列に「売掛金」があったら、COLUMN（B1）、つまり2行目を表示するというしくみです。

■入金欄のVLOOKUP関数

C3　=VLOOKUP($B3,入金!$A:$Z,COLUMN(B1),FALSE)

	A	B	C	D
1			2018年4月	2018年5月
2	月初残高		23,385,714	24,161,374
3	入金	売掛金	22,369,795	27,763,539
4		前受金	0	5,768,922
5		その他	0	1,498
6	小計		22,369,795	33,533,959

●入金の小計欄

入金の小計は、次のようなVLOOKUP関数を入れています。

「入金」という語をシート「入金」のピボットテーブルから探すので、入金の合計「22,369,795」が表示されます。

■入金の小計

	A	B	C	D
1			2018年4月	2018年5月
2	月初残高		23,385,714	24,161,374
3	入金	売掛金	22,369,795	27,763,539
4		前受金	0	5,768,922
5		その他	0	1,498
6	小計		22,369,795	33,533,959

C6セルの数式: =VLOOKUP("入金",入金!$A:$Z,COLUMN(B4),FALSE)

こうしているのは、「その他」という項目のためです。

科目が増えた場合や金額が少ない科目の残高がある場合、「その他」欄をつくっておくと便利です。

次のようなSUM関数「その他＝小計 －（売掛金＋前受金）」を入れておくことで、他の科目がもし増えても、その他に加算され、小計は必ず一致します。

■入金「その他」の設定

●支払欄

支払、投資、返済も、シート「支払」のピボットテーブルを参照し、VLOOKUP関数で表示しましょう。

■支払欄のVLOOKUP関数

	A	B	C	D
1			2018年4月	2018年5
2	月初残高		23,385,714	24,161,3
3	入金	売掛金	22,369,795	27,763,5
4		前受金	0	5,768,9
5		その他	0	1,4
6	小計		22,369,795	33,533,9
7	支払	会議費	128,720	395,5
8		交際費	555,578	449,1

数式バー: =VLOOKUP($B7,支払!$A:$Z,COLUMN(B5),FALSE)

●マクロで効率化

この資金繰り表をマクロでさらに効率化できます。

データを貼り付けた後、ピボットテーブルを更新する必要がありますので、その更新をショートカットキーで操作できると楽です。

そのショートカットキーをつくるためのマクロともいえます。

・ピボットテーブルを更新
・シート「資金繰り」を選択
というマクロです。

■資金繰り表更新のマクロ

```
Sub pivot()

    Worksheets("入金").PivotTables("pivot").PivotCache.Refresh
    Worksheets("資金繰り").Select

End Sub
```

マクロをつくる際は、ピボットテーブルを選択し、[ピボットテーブルツール]の[分析]の[ピボットテーブル名]を確認、変更し、プログラム内に入れましょう。

■ピボットテーブル名の確認

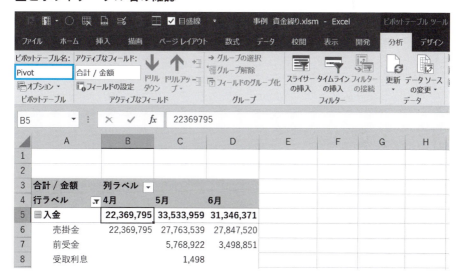

翌月は、次の方法で資金繰り表を更新しましょう。

① 会計ソフトから仕訳データをエクスポートし、シート「data」に貼り付ける

このときに、その事業年度のデータをすべてエクスポートし、シート「data」のデータをいったん削除、貼り付けましょう。

過去のデータに修正の可能性もあるからです。

② マクロを実行(ピボットテーブルを更新)
③ 資金繰り表のVLOOKUP関数を次の月へコピー

次ページの画像のように、Ctrl + R を使うと便利です。

■資金繰り表へ最新月データを反映（Ctrl＋R）

	A	B	C	D	E	F
1			2018年4月	2018年5月	2018年6月	
2	月初残高		23,385,714	19,146,374	17,996,370	
3	入金	売掛金	22,369,795	27,763,539	27,847,520	
4		前受金	0	5,768,922	3,498,851	
5		その他	0	1,498	0	
6	小計		22,369,795	33,533,959	31,346,371	
7	支払	会議費	128,720	395,583	587,411	
8		交際費	655,578	448,174	885,799	
9		消耗品費	156,836	1,100,153	741,204	
10		地代家賃	324,000	324,000	324,000	
11		買掛金	14,851,871	11,514,755	14,798,545	
12		未払費用	11,321,848	11,512,635	12,449,893	
13		預り金	0	502,013	52,355	
14		旅費交通費	316,601	1,250,952	780,457	
15		未払法人税等	0	7,543,400	0	

第 7 章

Excel で経理＆会計業務
〜アウトプット〜

経理＆会計業務の"華"といえるアウトプット。
効率よく、かつ効果的なアウトプットの
コツを身につけましょう。

1 月次報告資料

経理のアウトプットとして、最たるものは月次報告資料でしょう。

この月次報告資料を効率よくつくるには、会計ソフトのデータを活用することが欠かせません。

■A4用紙1枚の月次報告資料　DLファイル⑰

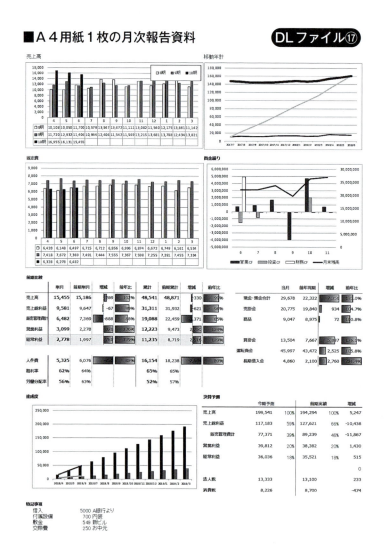

この資料は、
・会計ソフトをチェック
・会計ソフトから仕訳データ、推移表データを取り出し、Excelに貼り付ける
・決算予測を仕上げる
といった流れでつくっていきます。

資料をチェックし、次のような特記事項があれば、資料にあらかじめ組み込んでおきましょう。

特記事項	
借入	5000 A銀行より
付属設備	700 内装
敷金	549 新ビル
交際費	250 お中元

全体図は次のような流れです。

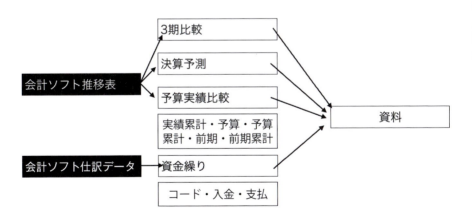

本書でダウンロードできるExcelファイルは、下図のようなシートがすべて入っています。

■月次決算ファイルのシート構成

37	電話加入権	xxxxxx	xxxxxx	xxxxxx					
38	無形固定資産計	xxxxxx	xxxxxx	xxxxxx					
39	[投資その他の資	xxxxxx	xxxxxx	xxxxxx					
40	投資有価証券	xxxxxx	xxxxxx	xxxxxx					
41	関係会社株式	xxxxxx	xxxxxx	xxxxxx					
42	出資金	xxxxxx	xxxxxx	xxxxxx					

シートタブ: 会計ソフト推移表 / 会計ソフト仕訳データ / 資料 / 3期比較 / 決算予測 / 予算実績比較 / 実績累計

「会計ソフト推移表」「会計ソフト仕訳データ」は、会計ソフトからデータをエクスポートし（CSVファイル）、それらを貼り付けるシートです。

このファイルは年度ごとにつくり、年度中は同じものを使います。

会計ソフトをチェックし、数字が確定したら、シート「会計ソフト推移表」に毎月、最新月のものを貼り付け、シート「会計ソフト仕訳データ」も、上書きで最新月までのデータを貼り付けて、多少の操作、チェックをすれば資料ができるしくみです。

2 推移表のエクスポート

シート「会計ソフト推移表」からシート「3期比較」へ、実績の数値を連動します。

■シート「会計ソフト推移表」　DLファイル⑰

	A	B	C	D	E	F	G
1		4月度	5月度	6月度	7月度	8月度	9月度
98	売上高	16,954,756	16,131,231	15,454,672			
99	[売上原価]						
100	期首商品棚卸高	478,392	482,561	410,821			
101	当期商品仕入高	5,487,033	5,801,416	5,878,827			
102	合計	5,965,425	6,283,977	6,289,648			
103	期末商品棚卸高	482,561	410,821	415,710			
104	売上原価	5,482,864	5,873,156	5,873,938			
105	売上総利益	11,471,892	10,258,075	9,580,734			
106	[販売管理費]	0.68	0.64	0.62			
107	給料手当	5,032,836	5,036,602	5,020,809			
108	法定福利費	456,683	302,495	304,481			
109	福利厚生費	73,563	13,494	11,175			
110	接待交際費	109,397	104,807	5,196			
111	旅費交通費	152,068	79,407	170,043			
112	通信費	19,297	58,317	191,961			
113	保険料	172,948	54,187	144,959			
114	水道光熱費	20,373	199,743	157,484			
115	消耗品費	62,490	109,028	90,377			
116	租税公課	27,534	88,091	152,432			
117	支払手数料	146,747	177,637	178,322			
118	減価償却費	54,291	54,291	54,291			

■シート「3期比較」

	A	B	C	D	E	F	G	H	I
26	4	2018年4月	16,955	16,955	308,481	6,328	6,328	174,900	
27	5	2018年5月	16,131	33,086	324,612	6,278	12,606	181,178	
28	6	2018年6月	15,455	48,541	340,067	6,482	19,088	187,660	
29	7	2018年7月	#N/A	#N/A	#N/A	#N/A	#N/A	#N/A	
30	8	2018年8月	#N/A	#N/A	#N/A	#N/A	#N/A	#N/A	
31	9	2018年9月	#N/A	#N/A	#N/A	#N/A	#N/A	#N/A	
32	10	2018年10月	#N/A	#N/A	#N/A	#N/A	#N/A	#N/A	
33	11	2018年11月	#N/A	#N/A	#N/A	#N/A	#N/A	#N/A	
34	12	2018年12月	#N/A	#N/A	#N/A	#N/A	#N/A	#N/A	
35	1	2019年1月	#N/A	#N/A	#N/A	#N/A	#N/A	#N/A	
36	2	2019年2月	#N/A	#N/A	#N/A	#N/A	#N/A	#N/A	
37	3	2019年3月	#N/A	#N/A	#N/A	#N/A	#N/A	#N/A	

使っているのは、VLOOKUP関数です。

```
=IF（VLOOKUP("売上高",会計ソフト推移表!$A:$M,ROW（B26）-24,FALSE）=0,NA（），
VLOOKUP("売上高",会計ソフト推移表!$A:$M,ROW（B26）-24,FALSE））
```

■シート「3期比較」の数式

	A	B	C	D	E	F	G	H	I	J	K	L
26	4	2018年4月	16,955	16,955	308,481	6,328	6,328	174,900				
27	5	2018年5月	16,131	33,086	324,612	6,278	12,606	181,178				
28	6	2018年6月	15,455	48,541	340,067	6,482	19,088	187,660				
29	7	2018年7月	#N/A	#N/A	#N/A	#N/A	#N/A	#N/A				
30	8	2018年8月	#N/A	#N/A	#N/A	#N/A	#N/A	#N/A				

「売上高」をシート「会計ソフト推移表」のAからM列から探します。何列目を表示させるかは、シート「3期比較」の行番号（ROW）を使いました。

　2018年4月（26行目）→2列目
　2018年5月（27行目）→3列目
　2018年6月（28行目）→4列目
と表示させたいので、
　2018年4月（26行目）→2列目→行番号（26）－24
　2018年5月（27行目）→3列目→行番号（27）－24
　2018年6月（28行目）→4列目→行番号（28）－24
という法則を見つけます。

　結果、「ROW(B26)－24」という数式を入れれば、推移表の売上高が表示されるわけです。「ROW(B26)」は、セルB26の行数を表示するので、26になります。

　このシートでは、3期分のデータを準備しています。3期比較グラフ、移動年計の計算に使うからです。

　前期、前々期のデータはあらかじめ準備しておきましょう。一度準備すれば、次の年からは、コピーですみます。

　シート「会計ソフト推移表」に貼り付けるのは、最新月までのデータです。

列で指定して貼り付けましょう。

こうしているのには意味があります。

未経過月をブランクにし、シート「3期比較」ではあえてエラー（#N/A）にしています（IFとNA（）で）。エラーにしておけば、棒グラフのデータ（7月以降）が空欄になり、折れ線グラフでは表示されません（0だと線だけ表示されてしまいます）。

■3期比較グラフ

売上高

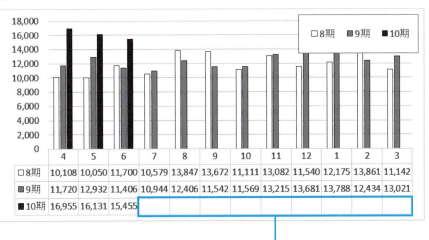

未経過月＝空欄

3　3期比較月別売上グラフ

3期比較月別売上グラフをつくっていきます。
これまでとの比較がひと目ででき、今後の売上を考える上でも最適の資料です。

■3期比較月別売上グラフ　　DLファイル⑰

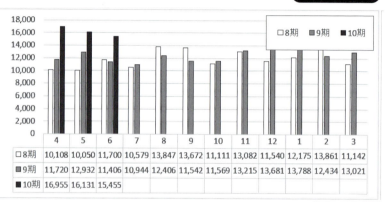

まずは前々期のデータでグラフをつくり、前期、当期のデータを追加していきましょう。
シート「3期比較」でこのように指定し、Alt + F1でグラフができあがります。

■Alt + F1でグラフ作成

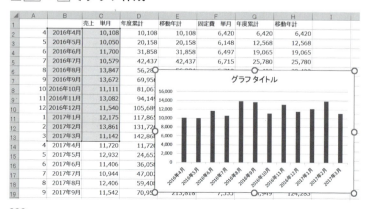

グラフタイトルを Delete で消し、グラフのX軸（月）をダブルクリックして、[軸の書式設定]→[表示形式]の[表示形式コード]を「m」にして追加しましょう。

■X軸（月）の設定

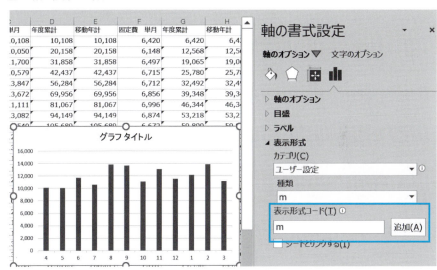

こういったシンプルな表示になります。

■前々期の売上グラフ

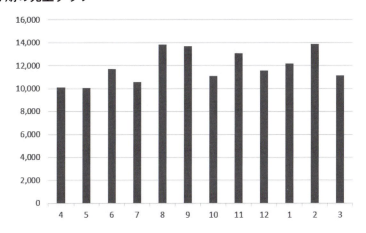

次に、［グラフツール］の［データの選択］で、［追加］をクリックし、

■グラフデータの追加

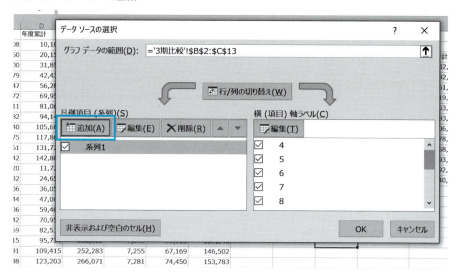

［系列値］で、前期を選択します。

■前期データの追加

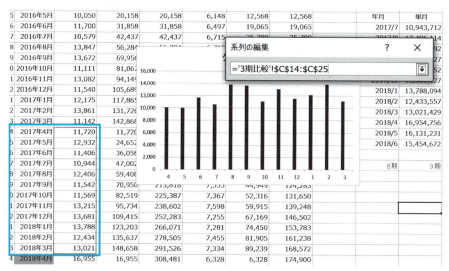

同様に、当期を追加しましょう。

■当期データの追加

2017年2月	13,861	131,726				2018/3	13,021,42
2017年3月	11,142	142,868				2018/4	16,954,75
2017年4月	11,720	11,720				2018/5	16,131,23
2017年5月	12,932	24,652					
2017年6月	11,406	36,058					
2017年7月	10,944	47,002					
2017年8月	12,406	59,408					
2017年9月	11,542	70,950	213,818	7,355	74,919	149,269
2017年10月	11,569	82,519	225,387	7,367	52,316	131,650
2017年11月	13,215	95,734	238,602	7,598	59,915	139,248
2017年12月	13,681	109,415	252,283	7,255	67,169	146,502
2018年1月	13,788	123,203	266,071	7,281	74,450	153,783
2018年2月	12,434	135,637	278,505	7,455	81,905	161,238
2018年3月	13,021	148,658	291,526	7,334	89,239	168,572
2018年4月	16,955	16,955	308,481	6,328	6,328	174,900
2018年5月	16,131	33,086	324,612	6,278	12,606	181,178
2018年6月	15,455	48,541	340,067	6,482	19,088	187,660
2018年7月	#N/A	#N/A	#N/A	#N/A	#N/A	#N/A
2018年8月	#N/A	#N/A	#N/A	#N/A	#N/A	#N/A
2018年9月	#N/A	#N/A	#N/A	#N/A	#N/A	#N/A
2018年10月	#N/A	#N/A	#N/A	#N/A	#N/A	#N/A
2018年11月	#N/A	#N/A	#N/A	#N/A	#N/A	#N/A
2018年12月	#N/A	#N/A	#N/A	#N/A	#N/A	#N/A
2019年1月	#N/A	#N/A	#N/A	#N/A	#N/A	#N/A
2019年2月	#N/A	#N/A	#N/A	#N/A	#N/A	#N/A
2019年3月	#N/A	#N/A	#N/A	#N/A	#N/A	#N/A

系列の編集
=' 3期比較'!$C$26:$C$37

さらに、系列名を入れておきます。

■系列名の入力

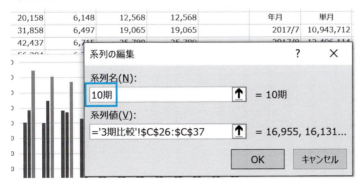

グラフをクリックして、データテーブルにチェックを入れれば、このように数値が表示されます。

■データテーブルの追加

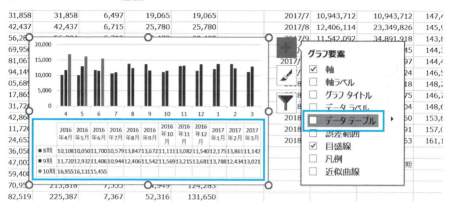

あとは、棒の色を調整し、大きさを変え、シート「資料」に貼り付けましょう。棒の色は同系色で「当期→濃い色」「前期→薄い色」「前々期→白」にして、それぞれ枠線をつけるのがおすすめです。次回からは、会計ソフトの推移表を貼り付けるだけでこの資料ができあがります。

同様のしくみで固定費のグラフも作成できます。

■固定費のグラフ

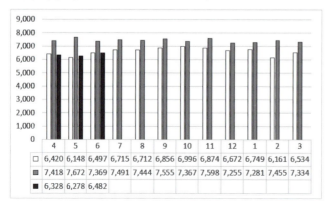

4 移動年計グラフ

移動年計グラフは、売上の傾向をみるグラフです。
当月だけではなく、今後どうなるか、このままでいいのかを判断できます。

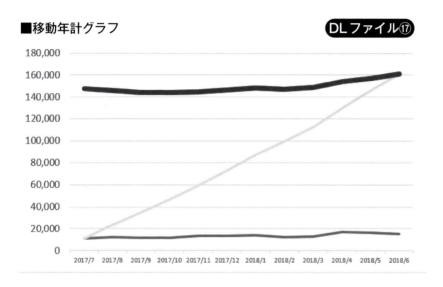

■移動年計グラフ　　　　　　　　　　　　DLファイル⑰

まず、最新月をシート「3期比較」で読み取ります。
ここで使うのは、次のような数式です。

```
=INDEX（B2:B37,COUNT（C:C））
```

　B2からB37の範囲（売上月）のうち、最下部のデータを表示します。最下部をどう判断するかは、COUNT関数で、C列を数え、この場合、28になるので、INDEX関数で28番目の位置、2018年6月を表示するわけです。COUNT関数は、エラー（# N/A）を数えません。
　会社ソフトの推移表をExcelに貼り付ければ、自動的に最新月を読み取れます。

この最新月データは他の資料でも使えるのです。

■最新月の読み取り

```
=INDEX(B2:B37,COUNT(C:C))
```

	売上				固定費				最新月	2018/6
		単月	年度累計	移動年計		単月	年度累計	移動年計		
4 2016年4月	10,108	10,108	10,108		6,420	6,420	6,420		年月	単月
5 2016年5月	10,050	20,158	20,158		6,148	12,568	12,568		2017/7	10,943,712
6 2016年6月	11,700	31,858	31,858		6,497	19,065	19,065			
23 1 2018年1月	13,788	123,203	266,071		7,281	74,450	153,783			
24 2 2018年2月	12,434	135,637	278,505		7,455	81,905	161,238			
25 3 2018年3月	13,021	148,658	291,526		7,334	89,239	168,572			
26 4 2018年4月	16,955	16,955	308,481		6,328	6,328	174,900			
27 5 2018年5月	16,131	33,086	324,612		6,278	12,606	181,178			
28 6 2018年6月	15,455	48,541	340,067		6,482	19,088	187,660			
29 7 2018年7月	#N/A	#N/A	#N/A		#N/A	#N/A	#N/A			
30 8 2018年8月	#N/A	#N/A	#N/A		#N/A	#N/A	#N/A			
31 9 2018年9月	#N/A	#N/A	#N/A		#N/A	#N/A	#N/A			
32 10 2018年10月	#N/A	#N/A	#N/A		#N/A	#N/A	#N/A			
33 11 2018年11月	#N/A	#N/A	#N/A		#N/A	#N/A	#N/A			
34 12 2018年12月	#N/A	#N/A	#N/A		#N/A	#N/A	#N/A			
35 1 2019年1月	#N/A	#N/A	#N/A		#N/A	#N/A	#N/A			
36 2 2019年2月	#N/A	#N/A	#N/A		#N/A	#N/A	#N/A			
37 3 2019年3月	#N/A	#N/A	#N/A		#N/A	#N/A	#N/A			

移動年計グラフに必要なのは、最新月までの12ヶ月の単月、累計、移動年計です。次のように計算しています。

● 年月

最新月が2018年6月なら、移動年計には、2017年7月から2018年6月という年月データが必要となるので、最新月から11ヶ月を引いて、まずは、2017年7月を計算します。

Date関数は=DATE（年、月、日）で日付を表示します。

・年 → セルK1（最新月）の年（2018）をYEAR関数で表示
・月 → セルK1（最新月）の月（6）をMONTH関数で表示し、11を引く
・日 → セルK1（最新月）の日（1）をDAY関数で表示

■年月データ（2017年7月）の表示

`=DATE(YEAR(K1),MONTH(K1)-11,DAY(K1))`

移動年計	固定費	単月	年度累計	移動年計		最新月	2018/6		
10,108	6,420	6,420	6,420						
20,158	6,148	12,568	12,568			年月	単月	累計	移動年計
31,858	6,497	19,065	19,065			2017/7	10,943,712	10,943,712	147,432,925
42,437	6,715	25,780	25,780			2017/8	12,406,114	23,349,826	145,992,211
56,284	6,712	32,492	32,492			2017/9	11,542,092	34,891,918	143,861,820

あとは、月のみを1ずつ足しています。

■2017年8月以降

`=DATE(YEAR(J4),MONTH(J4)+1,DAY(J4))`

移動年計	固定費	単月	年度累計	移動年計		最新月	2018/6		
10,108	6,420	6,420	6,420						
20,158	6,148	12,568	12,568			年月	単月	累計	移動年計
31,858	6,497	19,065	19,065			2017/7	10,943,712	10,943,712	147,432,925
42,437	6,715	25,780	25,780			2017/8	12,406,114	23,349,826	145,992,211
56,284	6,712	32,492	32,492			2017/9	11,542,092	34,891,918	143,861,820
69,956	6,856	39,348	39,348			2017/10	11,568,727	46,460,645	144,319,431
81,067	6,996	46,344	46,344			2017/11	13,215,352	59,675,997	144,453,134

●単月

単月のデータは、VLOOKUP関数で表示します。

■単月データの連動

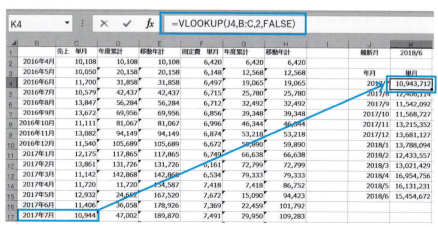

● **累計**

累計のデータは、単月の累計をSUM関数で表示しましょう。

次のような数式を入れれば、

2017年7月なら「2017年7月」

2017年8月なら「2017年7月＋2017年8月」

2017年9月なら「2017年7月＋2017年8月＋2017年9月」

　　　　　⋮

と累計できます。

■ SUMで計算

セルL4: `=SUM($K$4:K4)`

	A	B	C	D	E	F	G	H	I	J	K	L
1			売上 単月	年度累計	移動年計	固定費 単月	年度累計	移動年計		最新月	2018/6	
2	4	2016年4月	10,108	10,108	10,108	6,420	6,420	6,420				
3	5	2016年5月	10,050	20,158	20,158	6,148	12,568	12,568		年月	単月	累計
4	6	2016年6月	11,700	31,858	31,858	6,497	19,065	19,065		2017/7	10,943,712	10,943,712
5	7	2016年7月	10,579	42,437	42,437	6,715	25,780	25,780		2017/8	12,406,114	23,349,826
6	8	2016年8月	13,847	56,284	56,284	6,712	32,492	32,492		2017/9	11,542,092	34,891,918
7	9	2016年9月	13,672	69,956	69,956	6,856	39,348	39,348		2017/10	11,568,727	46,460,645
8	10	2016年10月	11,111	81,067	81,067	6,996	46,344	46,344		2017/11	13,215,352	59,675,997
9	11	2016年11月	13,082	94,149	94,149	6,874	53,218	53,218		2017/12	13,681,127	73,357,124
10	12	2016年12月	11,540	105,689	105,689	6,672	59,890	59,890		2018/1	13,788,094	87,145,218
11	1	2017年1月	12,175	117,865	117,865	6,749	66,638	66,638		2018/2	12,433,557	99,578,775
12	2	2017年2月	13,861	131,726	131,726	6,161	72,799	72,799		2018/3	13,021,429	112,600,204
13	3	2017年3月	11,142	142,868	142,868	6,534	79,333	79,333		2018/4	16,954,756	129,554,960
14	4	2017年4月	11,720	11,720	154,587	7,418	7,418	86,752		2018/5	16,131,231	145,686,191

● **移動年計**

まず、E列で累計をあらかじめ計算しておきます。

■ 移動年計用に累計を計算

セルE2: `=SUM($C$2:C2)` SUM(**数値1**, [数値2], ...)

	A	B	C	D	E	F	G	H
1			売上 単月	年度累計	移動年計	固定費 単月	年度累計	移動年計
2	4	2016年4月	10,108	10,108	=SUM($C$2:C2)		6,420	6,420
3	5	2016年5月	10,050	20,158			12,568	12,568
4	6	2016年6月	11,700	31,858	31,858	6,497	19,065	19,065
5	7	2016年7月	10,579	42,437	42,437	6,715	25,780	25,780
6	8	2016年8月	13,847	56,284	56,284	6,712	32,492	32,492
7	9	2016年9月	13,672	69,956	69,956	6,856	39,348	39,348
8	10	2016年10月	11,111	81,067	81,067	6,996	46,344	46,344
9	11	2016年11月	13,082	94,149	94,149	6,874	53,218	53,218
10	12	2016年12月	11,540	105,689	105,689	6,672	59,890	59,890
11	1	2017年1月	12,175	117,865	117,865	6,749	66,638	66,638
12	2	2017年2月	13,861	131,726	131,726	6,161	72,799	72,799
13	3	2017年3月	11,142	142,868	142,868	6,534	79,333	79,333
14	4	2017年4月	11,720	11,720	154,587	7,418	7,418	86,752

この数値をVLOOKUP関数で読み取って計算しています。

移動年計は、2017年7月なら、2016年8月～2017年7月までの売上を足したものとなります。この場合は、2016年4月～2017年7月までの累計-2016年4月～2016年7月の累計で、2016年8月～2017年7月の累計が計算できるのです。

■移動年計の計算

	売上	単月	年度累計	移動年計	固定費	単月	年度累計	移動年計		最新月	2018/6		
2016年4月	10,108	10,108	10,108		6,420	6,420	6,420			年月	単月	累計	移動年計
2016年5月	10,050	20,158	20,158		6,148	12,568	12,568						
2016年6月	11,700	31,858	31,858		6,497	19,065	19,065			2017/7	10,943,712	10,943,713	147,432,925
2016年7月	10,579	42,437	42,437		6,715	25,780	25,780			2017/8	12,406,114	23,349,826	145,992,211
2016年8月	13,847	56,284	56,284		6,712	32,492	32,492			2017/9	11,542,092	34,891,918	143,861,820
2016年9月	13,672	69,956	69,956		6,856	39,348	39,348			2017/10	11,568,727	46,460,645	144,319,431
016年10月	11,111	81,067	81,067		6,996	46,344	46,344			2017/11	13,215,352	59,675,997	144,453,134
016年11月	13,082	94,149	94,149		6,874	53,218	53,218			2017/12	13,681,127	73,357,124	146,593,804
016年12月	11,540	105,689	105,689		6,672	59,890	59,890			2018/1	13,788,094	87,145,218	148,206,460
2017年1月	12,175	117,865	117,865		6,749	66,638	66,638			2018/2	12,433,557	99,578,775	146,778,936

$$=\text{VLOOKUP(J4,B:E,4,FALSE)}-\text{VLOOKUP((DATE(YEAR(J4)}-1,\text{MONTH(J4),DAY(J4))),B:E,4,FALSE)}\quad(1行で)$$

数値ができれば、あとは、Alt + F1 で棒グラフにし、

■Alt + F1 でグラフにする

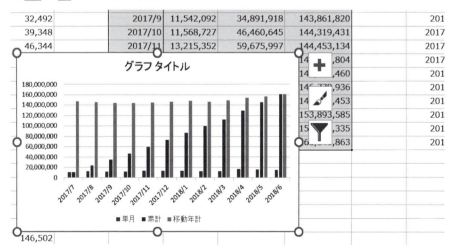

［グラフツール］の［グラフの種類の変更］で、［折れ線］に変更すれば、移動年計グラフ（Ｚグラフ）が完成します。

■折れ線グラフへ変更

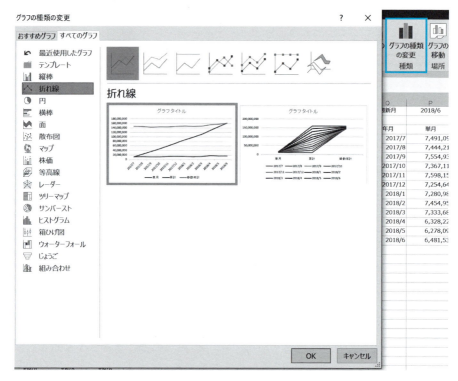

5 予算実績比較・前期比較

予算実績比較表をつくります。
同時に前期とも比較できる表です。

■予算実績比較・前期比較表　**DLファイル⑰**

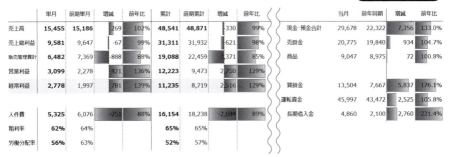

　まずは、すべての項目の予算実績管理表をつくり、その概要を資料に連動します。

●シート「会計ソフト推移表」などからシート「予算実績比較」へ連動

　シート「予算実績比較」では、実績、予算、前期、実績累計、予算累計、前期累計といった数字が必要です。

■シート「予算実績比較」

	A	B	C	D	E	F	G	H	I	J	K	L	M	N	O
2	単月									累計					
3		当月発生	当月予算	差額	予算比	前年 同月	差額	前年比			当期累計	当期予算	差額	予算比	前年同期
4	売上高	15,455	16,000	-545	96.6	15,186	269	101.8		売上高	48,541	48,000	541	101.1	48,871
5	売上原価	5,874	6,000	-126	97.9	5,538	336	106.1		売上原価	17,230	18,000	-770	95.7	16,939
6	売上総利益	9,581	10,000	-419	95.8	9,647	-67	99.3		売上総利益	31,311	30,000	311	104.4	31,932
7	給料手当	5,021	5,500	-479	91.3	5,552	-531	90.4		給料手当	15,090	16,500	-1,410	91.5	16,699
8	法定福利費	304	214	90	142.3	525	-220	58.0		法定福利費	1,064	708	356	150.2	1,539
9	福利厚生費	11	95	-84	11.8	99	-88	11.3		福利厚生費	98	143	-45	68.7	423
10	接待交際費	5	27	-22	19.2	147	-142	3.5		接待交際費	219	123	96	178.4	475
11	旅費交通費	170	65	105	261.6	167	4	102.1		旅費交通費	402	181	221	221.8	638
12	通信費	192	73	119	263.0	39	153	495.8		通信費	270	184	86	146.5	218
13	水道光熱費	157	134	23	117.5	30	128	528.1		水道光熱費	378	423	-45	89.3	172
14	消耗品費	90	61	29	148.2	144	-54	62.7		消耗品費	262	125	137	209.5	389
15	租税公課	152	30	122	508.1	85	68	179.6		租税公課	268	90	178	297.8	311
16	支払手数料	178	90	88	198.1	203	-25	87.8		支払手数料	503	630	-127	79.8	585
17	減価償却費	54	54	0	100.0	60	-6	90.5		減価償却費	163	163	0	100.0	180
18	販売管理費計	6,482	6,383	98	101.5	7,369	-888	88.0		販売管理費計	19,088	19,390	-302	98.4	22,459

これを、それぞれのシートからVLOOKUP関数で連動します。

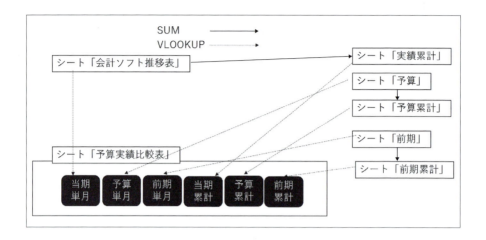

ここで問題になるのが、読み込む位置、つまり、どの列からデータを読み込むかです。

VLOOLUP関数ではどの位置から読み込むかを指定しなければいけません。そして、その位置は毎月変わるので、読み込む位置をシート「3期比較」の最新月のデータを使います。

この数式は、決算月によって変わるので注意しましょう。

3月決算だと、6月（最近月）は、科目、4月、5月、6月と4列目です。これが2月だと、科目、4月、5月、6月、7月、8月、9月、10月、11月、12月、1月、2月と、12列目になります。

これをIFとMONTH関数（月を取り出す）で表現したのが、この数式です。

=IF(MONTH('3期比較'!K1)<=3,MONTH('3期比較'!K1)+10,MONTH('3期比較'!K1)-2)（1行で）

■読み取り位置

セルA1: `=IF(MONTH('3期比較'!K1)<=3,MONTH('3期比較'!K1)+10,MONTH('3期比較'!K1)-2)`

	当月発生	当月予算	差額	予算比	前年 同月	差額	前年比		累計
単月	4								
売上高	15,455	16,000	-545	96.6	15,186	269	101.8		売上高
売上原価	5,874	6,000	-126	97.9	5,538	336	106.1		売上原価
売上総利益	9,581	10,000	-419	95.8	9,647	-67	99.3		売上総利益
給料手当	5,021	5,500	-479	91.3	5,552	-531	90.4		給料手当
法定福利費	304	214	90	142.3	525	-220	58.0		法定福利費
福利厚生費	11	95	-84	11.8	99	-88	11.3		福利厚生費

計			最新月	2018/6		
6,420						
12,568			年月	単月	累計	移動年計
19,065			2017/7	10,943,712	10,943,712	147,432,925
25,780			2017/8	12,406,114	23,349,826	145,992,211
32,492			2017/9	11,542,092	34,891,918	143,861,820
39,348			2017/10	11,568,727	46,460,645	144,319,431
46,344			2017/11	13,215,352	59,675,997	144,453,134

■3月決算の場合

	A	B	C	D	E	F	G	H	I	J	K	L	M
1		4月度	5月度	6月度	7月度	8月度	9月度	10月度	11月度	12月度	1月度	2月度	3月度
98	売上高	16,954,756	16,131,231	15,454,672									
99	[売上原価]												
100	期首商品棚卸高	478,392	482,561	410,821									
101	当期商品仕入高	5,487,033	5,801,416	5,878,827									
102	合計	5,965,425	6,283,977	6,289,648									
103	期末商品棚卸高	482,561	410,821	415,710									
104	売上原価	5,482,864	5,873,156	5,873,938									
105	売上総利益	11,471,892	10,258,075	9,580,734									
106	[販売管理費]	0.68	0.64	0.62									
107	給料手当	5,032,836	5,036,602	5,020,809									
108	法定福利費	456,683	302,495	304,481									
109	福利厚生費	73.563	13.494	11.175									

4列目 / 13列目

　なお、実績累計は、実績を計算し、予算・前期はあらかじめ準備して、予算累計・前期累計はSUMで計算しています。
　こうすれば、毎月、実績だけを更新するだけで資料ができるわけです。

■実績累計の計算

セルB2: `=SUM(予算!$B2:B2)`

	A	B	C	D
1		2017/4	2017/5	2017/6
2	売上高	16,000,000	32,000,000	48,000,0
3	売上原価	6,000,000	12,000,000	18,000,0
4	売上総利益	10,000,000	20,000,000	30,000,0
5	給料手当	5,500,000	11,000,000	16,500,0
6	法定福利費	281,000	494,000	708,0
7	福利厚生費	6,000	48,000	143,0
8	接待交際費	47,000	96,000	123,0
9	旅費交通費	55,000	116,000	181,0

人件費、固定費など任意に集計するものは、SUMで入れておきましょう。

■任意の集計科目

	A	B	C	D	E	F	G	H
16	支払手数料	178	90	88	198.1	203	-25	87.8
17	減価償却費	54	54	0	100.0	60	-6	90.5
18	販売管理費計	6,482	6,383	98	101.5	7,369	-888	88.0
19	営業利益	3,099	3,617	-518	85.7	2,278	821	136.0
20	営業外収益	0	10	-10	0.0	23	-23	0.0
21	営業外費用	321	309	12	103.9	305	16	105.4
22	経常利益	2,778	3,318	-540	83.7	1,997	781	139.1
23								
24	人件費	5,325	5,714			6,076		
25	固定費	6,803	6,692			7,674		

（セル B24 に `=SUM(B7:B8)`）

●シート「予算実績比較」からシート「資料」に連動

シート「予算実績比較」から、VLOOKUP関数で主要なデータのみ連動しています。

■シート「資料」

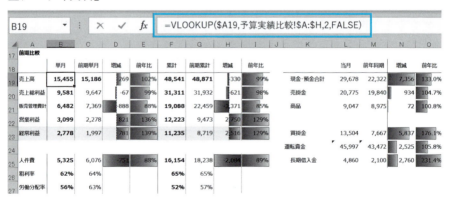

246

6　予算達成度グラフ

予算達成度グラフは、折れ線グラフと棒グラフを組み合わせています。

■予算達成度グラフ　　　DLファイル⑰

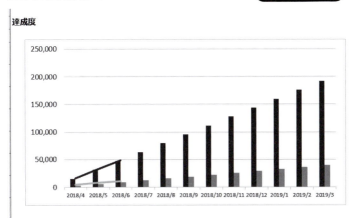

累計の売上、利益は、シート「実績累計」からつくりましょう。
「年月」「売上高」「経常利益」を選択して、

Alt + F1 で棒グラフができます。

■実績累計のグラフ

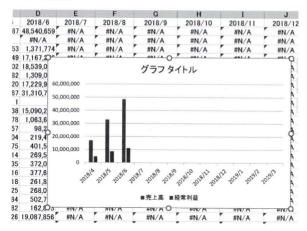

シート「予算累計」から売上高データをコピーして、

グラフに貼り付けましょう。

■実績累計＋予算累計（売上高）のグラフ

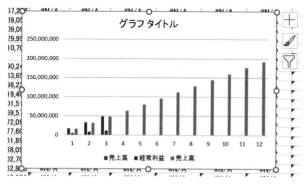

同様に、シート「予算累計」から経常利益を貼り付けます。

■予算累計（経常利益）を追加

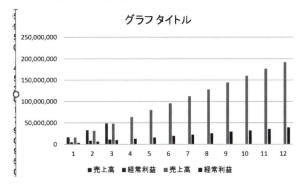

　［グラフツール］から［グラフの種類の変更］→［組み合わせ］で、次のように設定します。実績は折れ線、予算は棒です。

■グラフの種類の変更

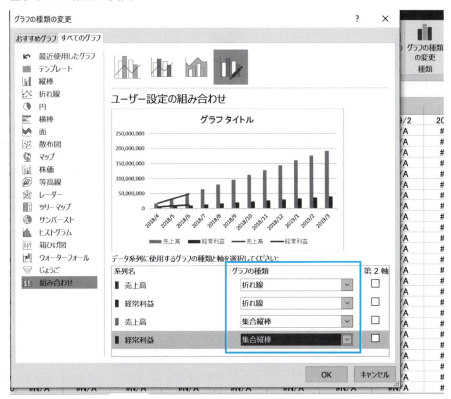

7 決算予測、納税予測

　決算予測は、すべての項目について作成し、その概要をVLOOKUP関数で資料に連動しています。

■決算予測のサマリー

DLファイル⑰

決算予測

	今期予測		前期実績		増減
売上高	199,541	100%	194,294	100%	5,247
売上総利益	117,183	59%	127,621	66%	-10,438
販売管理費計	77,371	39%	89,239	46%	-11,867
営業利益	39,812	20%	38,382	20%	1,430
経常利益	36,036	18%	35,521	18%	515
					0
法人税	13,333		13,100		233
消費税	8,226		8,700		-474

●シート「会計ソフト推移表」からシート「決算予測」へVLOOKUP関数で連動

　実績部分（6月まで）を、シート「会計ソフト推移表」からVLOOKUP関数で連動します。

```
=VLOOKUP($A2,会計ソフト推移表!$A:$M,COLUMN(B1),FALSE)
```

　決算予測部分はそのときの状況により手入力します。納税予測もここでやっておきましょう。

　サンプルでは、ざっくり計算していますが、実際には、申告書の計算式で法人税、地方税を計算し、中間納税も考慮しています。

■会計ソフト推移表からの連動

	A	B	C	D
97	負債・純資産合計	xxxxxx	xxxxxx	xxxxxx
98	売上高	16,954,756	16,131,231	15,454,672
99	[売上原価]			
100	期首商品棚卸高	478,392	482,561	410,821
101	当期商品仕入高	5,487,033	5,801,416	5,878,827
102	合計	5,965,425	6,283,977	6,289,648
103	期末商品棚卸高	482,561	410,821	415,710
104	売上原価	5,482,864	5,873,156	5,873,938
105	売上総利益	11,471,892	10,258,075	9,580,734
106	[販売管理費]	0.68	0.64	0.62
107	給料手当	5,032,836	5,036,602	5,020,809
108	法定福利費	456,683	302,495	304,481
109	福利厚生費	73,563	13,494	11,175
110	接待交際費	109,397	104,807	5,196
111	旅費交通費	152,068	79,407	170,043
112	通信費	19,297	58,317	191,961
113	保険料	172,948	54,187	144,959
114	水道光熱費	20,373	199,743	157,484
115	消耗品費	62,490	109,028	90,377
116	租税公課	27,534	88,091	152,432
117	支払手数料	146,747	177,637	178,322
118	減価償却費	54,291	54,291	54,291
119	販売管理費計	6,328,227	6,278,099	6,481,530
120	営業利益	5,143,665	3,979,976	3,099,204

実績 / 予測

	A	B	C	D	E	F	G	H	I	J	K	L	M	N	O
1		2018/4	2018/5	2018/6	2018/7	2018/8	2018/9	2018/10	2018/11	2018/12	2019/1	2019/2	2019/3	合計	前期実績
2	売上高	16,955	16,131	15,455	15,000	15,000	15,000	15,000	16,000	20,000	17,000	18,000	20,000	199,541	194,294
3	売上原価	5,483	5,873	5,874	5,250	5,250	5,250	5,250	5,600	7,000	5,950	6,300	7,000	70,080	66,673
4	売上総利益	11,472	10,258	9,581	9,541	9,541	9,541	9,541	9,541	9,541	9,541	9,541	9,541	117,183	127,621
5	給料手当	5,033	5,037	5,021	5,000	5,000	5,000	5,000	5,000	5,000	5,000	5,000	5,000	60,090	66,912
6	法定福利費	457	302	304	470	470	470	470	470	470	470	470	470	5,294	6,060
7	福利厚生費	74	13	11	130	130	130	130	130	130	130	130	130	1,270	1,576
8	接待交際費	109	105	5	82	82	82	82	82	82	82	82	82	959	1,654
9	旅費交通費	152	79	170	23	23	23	23	23	23	23	23	23	613	2,440
10	通信費	19	58	192	115	115	115	115	115	115	115	115	115	1,309	829
11	保険料	173	54	145	130	130	130	130	130	130	130	130	130	1,542	648
12	水道光熱費	20	200	157	144	144	144	144	144	144	144	144	144	1,670	815
13	消耗品費	62	109	90	114	114	114	114	114	114	114	114	114	1,290	1,329
14	租税公課	28	88	152	127	127	127	127	127	127	127	127	127	1,407	1,082
15	支払手数料	147	178	178	5	5	5	5	5	5	5	5	5	551	2,403
16	減価償却費	54	54	54	54	54	54	54	54	54	54	54	54	651	720
17	販売管理費計	6,328	6,278	6,482	6,476	6,476	6,476	6,476	6,476	6,476	6,476	6,476	6,476	77,371	89,239
18	営業利益	5,144	3,980	3,099	3,065	3,065	3,065	3,065	3,065	3,065	3,065	3,065	3,065	39,812	38,382
19	営業外収益	0	0	0	0	0	0	0	0	0	0	0	0	0	783
20	営業外費用	337	329	321	310	310	310	310	310	310	310	310	310	3,776	3,644
21	経常利益	4,806	3,651	2,778	2,756	2,756	2,756	2,756	2,756	2,756	2,756	2,756	2,756	36,036	35,521
22															
23	法人税												法人税	13,333	13,100
24	消費税												消費税	8,226	8,700

最新月（6月）までがVLOOKUP関数で連動し、7月以降は予測値です。

●シート「決算予測」からシート「資料」に連動

シート「決算予測」から、VLOOKUP関数で主要なデータのみ連動しています。

細かい数字は必要なく、ざっくりわかればいいわけです。

決算予測

=VLOOKUP($I31,決算予測!$A:$O,14,FALSE)

	今期予測		前期実績		増減
売上高	206,720	100%	194,294	100%	12,426
売上総利益	124,419	60%	127,621	66%	-3,201
販売管理費計	77,725	38%	89,239	46%	-11,513
営業利益	46,694	23%	38,382	20%	8,312
経常利益	42,901	21%	35,521	18%	7,380
					0
法人税	15,873		13,100		2,773
消費税	8,775		8,700		75

次の月になれば、
・会計ソフトの推移表を貼り付ける
・決算予測の数式を1ヶ月分コピーする
・決算予測部分を検討しつつ調整する
という流れで更新しましょう。

■次の月の処理

コピー（Ctrl + R）

■ データバーでセル内にグラフ

推移表＋決算予測は、データバーで視覚的に表現してみましょう。

「月」の数値のみを選択し（「合計」まで選択するとデータバーの設定がうまくいきません）、

リボンの［ホーム］→［条件付き書式］→［データバー］で、好みの色を選びましょう。

■データバーの設定

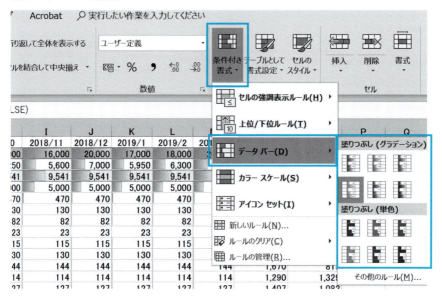

8 資金繰り予測

資金繰り表（p.212）に予測部分を入れ、グラフにしましょう。

■資金繰り予測グラフ

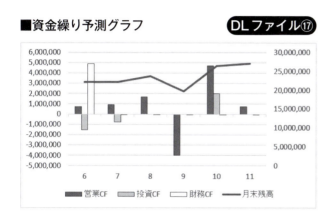

資金繰り予測部分を入力していきます。

■資金繰り予測表

		2018年4月	2018年5月	2018年6月	2018年7月	2018年8月	2018年9月	2018年10月	2018年11月
月初残高		23,385,714	19,146,374	17,996,370	22,089,747	22,145,747	23,745,747	19,695,747	26,345,747
入金	売掛金	22,369,795	27,763,539	27,847,520	27,000,000	27,000,000	22,000,000	30,000,000	28,000,000
	前受金	0	5,768,922	3,498,851	2,000,000	3,000,000		3,000,000	2,000,000
	その他	0	0	1,498					
	小計	22,369,795	33,533,959	31,346,371	29,000,000	30,000,000	22,000,000	33,000,000	30,000,000
支払	会議費	128,720	395,583	587,411	150,000	150,000	100,000	100,000	100,000
	交際費	655,578	448,174	885,799	500,000	500,000	200,000	500,000	500,000
	消耗品費	156,836	1,100,153	741,204	600,000	600,000	600,000	600,000	600,000
	地代家賃	324,000	324,000	324,000	324,000	580,000	580,000	580,000	580,000
	買掛金	14,851,871	11,514,755	14,798,545	13,000,000	13,000,000	11,000,000	11,000,000	12,000,000
	未払費用	11,321,848	11,512,635	12,449,893	13,000,000	13,000,000	13,000,000	15,000,000	15,000,000
	預り金	0	502,013	52,355					
	旅費交通費	316,601	1,250,952	780,457	500,000	500,000	500,000	500,000	500,000
	未払法人税等		7,543,400						
	その他	8,681	7,298	8,330					
	小計	27,764,135	34,598,963	30,627,994	28,074,000	28,330,000	25,980,000	28,280,000	29,280,000
営業CF		-5,394,340	-1,065,004	718,377	926,000	1,670,000	-3,980,000	4,720,000	720,000
売却	車両	1,240,000	0	0	0	0	0	2,000,000	0
	その他	0	0	0					
	小計	1,240,000	0	0	0	0	0	2,000,000	0
投資	付属設備	0	0	700,000	800,000	0	0	0	0
	敷金	0	0	840,000	0	0	0	0	0
	その他	0	0	1,540,000	800,000	0	0	0	0
	小計	0	0	1,540,000	800,000	0	0	0	0
投資CF		1,240,000	0	-1,540,000	-800,000	0	0	2,000,000	0
借入	長期借入金	0	0	5,000,000	0	0	0	0	0
		0	0	0	0	0	0	0	0
	小計	0	0	5,000,000	0	0	0	0	0
返済	長期借入金	85,000	85,000	85,000	70,000	70,000	70,000	70,000	70,000
	その他	0	0	0	0	0	0	0	0
	小計	85,000	85,000	85,000	70,000	70,000	70,000	70,000	70,000
財務CF		-85,000	-85,000	4,915,000	-70,000	-70,000	-70,000	-70,000	-70,000
差引収支		-4,239,340	-1,150,004	4,093,377	56,000	1,600,000	-4,050,000	6,650,000	650,000
月末残高		19,146,374	17,996,370	22,089,747	22,145,747	23,745,747	19,695,747	26,345,747	26,995,747

これをグラフにする場合、「2018年6月→2018年6月」が実績、「2018年7月から2018年11月」が予測となります。
　7月になると、「2018年7月→2018年7月」が実績、「2018年8月から2018年12月」が予測です。

　手作業になりがちなので、工夫しましょう。
　資金繰り表の下に、グラフ用のデータをつくります。
　まず、シート「3期比較」の最新月を読み取り、

■最新月の読み取り

C42 : `='3期比較'!K1`

	A	B	C	D	E	F	G
1			2018年4月	2018年5月	2018年6月	2018年7月	2018年8月
7		その他	8,681	7,298	8,330		
8		小計	27,764,135	34,598,963	30,627,994	28,074,000	28,330,000
9	営業CF		-5,394,340	-1,065,004	718,377	926,000	1,670,000
10	売却	車両	1,240,000	0	0	0	0
11							
12		その他	0	0	0		
13		小計	1,240,000	0	0	0	0
14	投資	付属設備	0	0	700,000	800,000	0
15		敷金	0	0	840,000	0	0
16		その他	0	0	0	0	0
17		小計	0	0	1,540,000	800,000	0
18	投資CF		1,240,000	0	-1,540,000	-800,000	0
19	借入	長期借入金	0	0	5,000,000	0	0
20		その他	0	0	0	0	0
21		小計	0	0	5,000,000	0	0
22	返済	長期借入金	85,000	85,000	85,000	70,000	70,000
23		その他	0	0	0	0	0
24		小計	85,000	85,000	85,000	70,000	70,000
25	財務CF		-85,000	-85,000	4,915,000	-70,000	-70,000
26	差引収支		-4,239,340	-1,150,004	4,093,377	56,000	1,600,000
27	月末残高		19,146,374	17,996,370	22,089,747	22,145,747	23,745,747
28							
29							
30							
31							
42		月	2018/6/1	2018/7/1	2018/8/1	2018/9/1	2018/10/1
43		営業CF	718,377	926,000	1,670,000	-3,980,000	4,720,000
44		投資CF	-1,540,000	-800,000	0	0	2,000,000
45		財務CF	4,915,000	-70,000	-70,000	-70,000	-70,000
46		月末残高	22,089,747	22,145,747	23,745,747	19,695,747	26,345,747
47							

以降の月は、EDATE関数で1ヶ月ずつ加算していき、これで今後6か月のグラフ用データができあがります。

■年月の表示

D42　=EDATE(C42,1)

		C	D	E	F	G
		2018年4月	2018年5月	2018年6月	2018年7月	2018年8月
	その他	8,681	7,298	8,330		
	小計	27,764,135	34,598,963	30,627,994	28,074,000	28,330,000
営業CF		-5,394,340	-1,065,004	718,377	926,000	1,670,000
売却	車両	1,240,000	0	0	0	0
	その他	0	0	0	0	0
	小計	1,240,000	0	0	0	0
投資	付属設備	0	0	700,000	800,000	0
	敷金	0	0	840,000	0	0
	その他	0	0	0	0	0
	小計	0	0	1,540,000	800,000	0
投資CF		1,240,000	0	-1,540,000	-800,000	0
借入	長期借入金	0	0	5,000,000	0	0
	その他	0	0	0	0	0
	小計	0	0	5,000,000	0	0
返済	長期借入金	85,000	85,000	85,000	70,000	70,000
	その他	0	0	0	0	0
	小計	85,000	85,000	85,000	70,000	70,000
財務CF		-85,000	-85,000	4,915,000	-70,000	-70,000
差引収支		-4,239,340	-1,150,004	4,093,377	56,000	1,600,000
月末残高		19,146,374	17,996,370	22,089,747	22,145,747	23,745,747

予測

	月	2018/6/1	2018/7/1	2018/8/1	2018/9/1	2018/10/1
	営業CF	718,377	926,000	1,670,000	-3,980,000	4,720,000
	投資CF	-1,540,000	-800,000	0	0	2,000,000
	財務CF	4,915,000	-70,000	-70,000	-70,000	-70,000
	月末残高	22,089,747	22,145,747	23,745,747	19,695,747	26,345,747

あとは、VLOOKUP関数で読み取るだけです。

「営業CF」を資金繰り表のA列からN列の範囲で、読み取る列は、最新月＋1、最新月＋2……となるように設定します。

■VLOOKUP関数での連動

C43: `=VLOOKUP($B43,$A:$N,予算実績比較!$A$1+COLUMN(A1),FALSE)`

	A	B	C	D	E	F	G	H	I	J
1			2018年4月	2018年5月	2018年6月	2018年7月	2018年8月	2018年9月	2018年10月	2018年1
17		その他	8,681	7,298	8,330					
18		小計	27,764,135	34,598,963	30,627,994	28,074,000	28,330,000	25,980,000	28,280,000	29,280,
19	営業CF		-5,394,340	-1,065,004	718,377	926,000	1,670,000	-3,980,000	4,720,000	720,
20	売却	車両	1,240,000	0	0	0	0	0	2,000,000	
21										
22		その他	0	0	0	0	0	0	0	
23		小計	1,240,000	0	0	0	0	0	2,000,000	
24	投資	付属設備	0	0	700,000	800,000	0	0	0	
25		敷金	0	0	840,000	0	0	0	0	
26		その他	0	0	0	0	0	0	0	
27		小計	0	0	1,540,000	800,000	0	0	0	
28	投資CF		1,240,000	0	-1,540,000	-800,000	0	0	2,000,000	
29	借入	長期借入金	0	0	5,000,000	0	0	0	0	
30		その他	0	0	0	0	0	0	0	
31		小計	0	0	5,000,000	0	0	0	0	
32	返済	長期借入金	85,000	85,000	85,000	70,000	70,000	70,000	70,000	70,
33		その他	0	0	0	0	0	0	0	
34		小計	85,000	85,000	85,000	70,000	70,000	70,000	70,000	70,
35	財務CF		-85,000	-85,000	4,915,000	-70,000	-70,000	-70,000	-70,000	-70,
36	差引収支		-4,239,340	-1,150,004	4,093,377	56,000	1,600,000	-4,050,000	6,650,000	650,
37	月末残高		19,146,374	17,996,370	22,089,747	22,145,747	23,745,747	19,695,747	26,345,747	26,995,
38										
39										
40										
41										
42		月	2018/6/1	2018/7/1	2018/8/1	2018/9/1	2018/10/1	2018/11/1		
43		営業CF	718,377	926,000	1,670,000	-3,980,000	4,720,000	720,000		
44		投資CF	-1,540,000	-800,000	0	0	2,000,000	0		
45		財務CF	4,915,000	-70,000	-70,000	-70,000	-70,000	-70,000		
46		月末残高	22,089,747	22,145,747	23,745,747	19,695,747	26,345,747	26,995,747		
47										

Alt + F1 でグラフができますので、［グラフの種類の変更］で、［組み合わせ］にし、次のように設定しましょう。

月末残高は［第2軸］にして、単位を変更したほうがみやすくなります。

あとは、色を整えて完成です。

このグラフをシート「資料」に移動させます。

■グラフの種類の変更

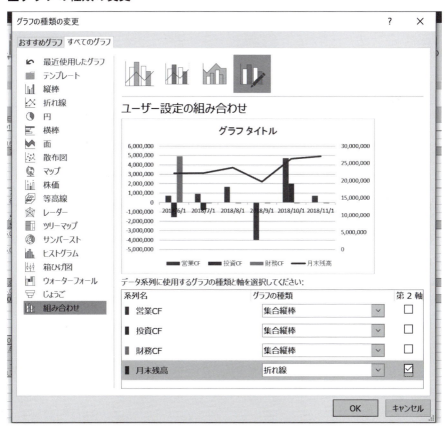

資金繰りデータ（仕訳）は、年度ごとにつくりましょう。

9 決算時のアウトプット

　決算の結果をアウトプットする場合にも、会計ソフトのデータをうまく使いましょう。会計ソフトのデータは、推移表を使っています。
　推移表を使えば、次のような資料をつくることができます。

■会計ソフトのデータからつくるExcel決算資料

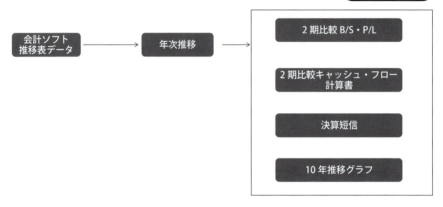

※　上記すべてのExcelシートがダウンロードできます。

■ 年次推移

年ごとの推移のデータです。
　B/S項目、P/L項目、そして経営分析項目を10年分蓄積しておきます。9年分は、あらかじめつくっておき、最新の年は、会計ソフトのデータ（「export」）からVLOOKUP関数で連動しましょう。

■年次推移(貸借対照表の流動資産の部分)

	A	B	C	D	E	F	G	H	I	J	K
1	貸借対照表										
2		1	2	3	4	5	6	7	8	9	10
3	現金	494	464	395	411	500	335	433	288	495	149
4	普通預金	16,800	8,654	7,790	16,713	9,616	24,259	28,644	18,709	19,201	34,294
5	現預金合計	17,294	9,118	8,185	17,125	10,116	24,595	29,077	18,998	19,696	34,443
6	売掛金	15,047	16,184	27,891	21,659	27,177	25,439	13,623	20,669	20,182	25,750
7	貸倒引当金	-90	-97	-167	-130	-163	-153	-82	-124	-121	-34
8	商品	1,050	1,302	1,204	1,401	661	1,767	1,961	610	2,741	1,233
9	その他流動資産										
10	流動資産合計	33,301	26,508	37,112	40,054	37,791	51,647	44,580	40,153	42,497	61,392

K3セル: =IFERROR(VLOOKUP(A3,export!A:N,14,FALSE),) 　VLOOKUPで連動

使っている数式は次のものです。

=IFERROR(VLOOKUP(A3,export!A:N,14,FALSE),)

A3の「現金」をシート「export」のA列からN列のうち、A列から探し、完全一致のものが見つかったら、14列目を表示します。

■VLOOKUP関数のしくみ

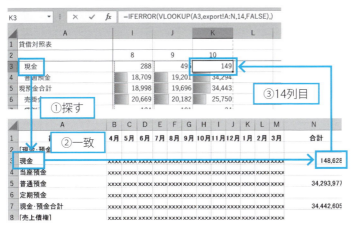

C列からK列のデータを、翌年は値のみコピーし、最新の年の会計ソフトデータを貼り付ければ、自動的に資料ができあがります。

経営分析部分は、B/SとP/Lなどの数値から計算式を入れておくだけです。会社の状況に合わせて、必要な経営分析値を入れておきましょう。

■年次推移（経営分析値の部分）

経営分析値	1	2	3	4	5	6	7	8	9	10
売上増加率		42.6%	20.6%	18.7%	15.6%	13.1%	-7.0%	37.1%	-1.2%	115.6%
売上総利益増加率		50.2%	32.6%	16.9%	15.6%	6.2%	-3.9%	24.0%	2.3%	126.2%
経常利益増加率		-606.8%	53.4%	-55.1%	77.1%	-15.3%	-75.0%	535.8%	-38.9%	172.6%
当期純利益増加率		24%	31%	29%	12%	8%	2%	14%	7%	239%
売上総利益率	57.0%	60.0%	66.0%	65.0%	65.0%	61.0%	63.0%	57.0%	59.0%	64.4%
営業利益率	-2.2%	8.4%	9.7%	4.0%	6.2%	4.6%	1.3%	5.7%	3.5%	3.7%
経常利益率	-2.3%	8.3%	10.6%	4.0%	6.1%	4.6%	1.2%	5.7%	3.5%	3.6%
当期純利益率	-2.5%	8.2%	6.4%	2.4%	-0.3%	2.8%	0.8%	3.5%	2.2%	2.2%
総資産利益率	-4.2%	23.4%	15.9%	7.1%	-0.7%	6.6%	1.9%	10.8%	6.6%	10.6%
流動比率	213.4%	483.2%	309.9%	330.4%	432.0%	232.8%	266.3%	287.8%	320.7%	173.0%
自己資本比率	24.9%	52.3%	53.6%	60.4%	51.8%	43.7%	51.3%	57.3%	63.7%	29.1%
償却前利益	-1,441	6,875	6,498	2,919	-352	4,379	1,094	7,959	5,084	11,208
債務償還年数	-	1年	1年	1年	-	2年	7年	1年	1年	2年
運転資金	2,933	13,556	17,097	13,266	18,919	1,697	-4,498	4,408	7,601	12,087
平均従業員	2.0	4.1	5.7	9.8	10.2	11.4	8.8	12.4	15.2	13.5
人件費	13,816	24,369	32,398	54,213	57,931	66,427	53,658	73,350	88,186	87,000
労働分配率	41%	49%	49%	70%	64%	69%	58%	64%	76%	59%
1人当り人件費	6,908	5,944	5,684	5,532	5,680	5,827	6,097	5,915	5,802	6,444
1人当り売上高	29,346	20,419	17,707	12,229	13,586	13,751	16,576	16,125	12,999	16,918
1人当り粗利益	16,727	12,252	11,686	7,949	8,831	8,388	10,443	9,191	7,669	10,898
1人当り経常利益	-685	1,694	1,869	488	831	630	204	920	458	613

■ B/S・P/L

B/SとP/Lを2期で比較し、グラフで表現したのが下図です。

※　ダウンロードファイルではグラフに色をつけていますが、本書では、見やすくするため色をつけずに表現しています。

ここでもVLOOUP関数で年次推移から数値を読み取りましょう。

■B/S

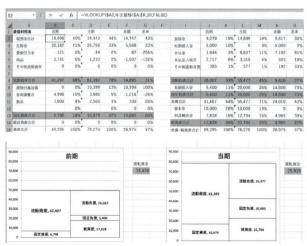

■P/L

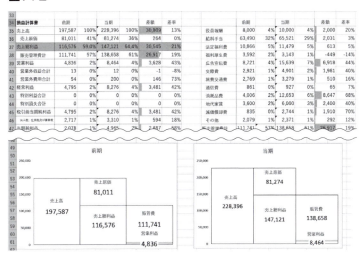

B/Sのグラフは、グラフ用のデータをVLOOKUP関数でシート下のほうに準備します（このような並びならグラフをうまくつくることができるため）

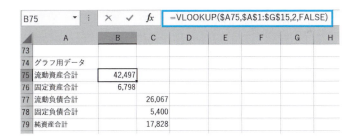

Alt + F1 でグラフをつくり、[グラフの種類の変更] で、「100%積み上げ縦棒」のうち次の画像のものを選びます。

■グラフの種類の変更

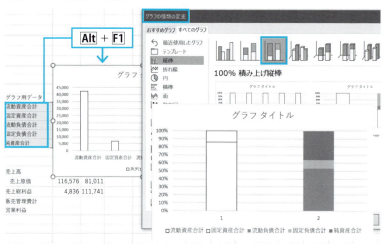

次にグラフをクリックし、リボンの [グラフツール] の [データソースの選択] をクリックし、「凡例項目（系列）」の矢印をクリックして、項目の順序を次の画像のように並び替えてください。

■グラフの項目の並べ替え

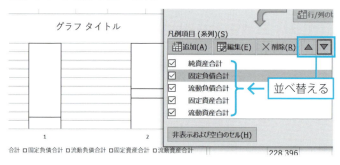

これで、左上から流動資産合計、固定資産合計、右上から流動負債合計、固定負債合計、純資産合計と並びます。

グラフの棒を右クリックして［データラベルの追加］をしたあと、データラベルを右クリックし［データラベルの書式設定］を開きましょう。

　ここで、［系列名］にチェックを入れれば、系列名（流動資産合計や純資産合計など）が入ります。1つずつ設定しておきましょう。

■データラベルへ系列名を追加

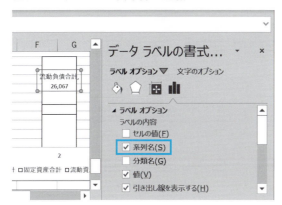

　グラフの棒を右クリックして［データ系列の書式設定］を開き、［系列のオプション］で［要素の間隔］を「0％」にすると、B/Sらしいグラフになります。

■要素の間隔の調整

最後に、色を整えて完成です。

同様に、当期分もつくり比較できるようにしましょう。正しく比較するためには、2つのグラフの大きさをそろえるべきです。

縦軸をクリックして、［軸の書式設定］→［軸のオプション］→［境界値］の［最大値］でそろえておきましょう。

■縦軸の大きさの調整

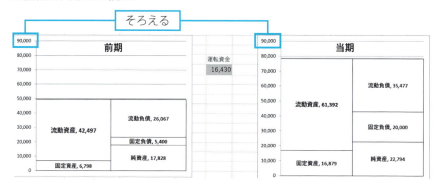

P/Lのグラフ

P/Lのグラフは、B/Sと同様に、まずグラフ用のデータをつくります。

■グラフ用データ

次のようにデータを選択して Alt + F1 で棒グラフをつくり、グラフを右クリック→［グラフの種類の変更］で「積み上げ棒グラフ」を選びましょう。

■グラフの種類の変更

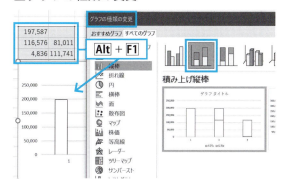

グラフを選択し、データラベルを追加します。

■データラベルの追加

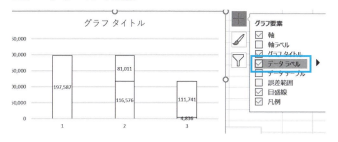

グラフの棒を右クリックして［データ系列の書式設定］を開き、［系列のオプション］で［要素の間隔］を「0％」にします。

■要素の間隔の調整

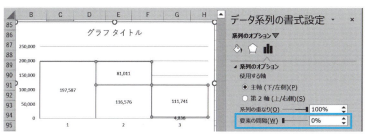

データ系列（売上高、売上原価など）は、この形式だと表示できませんので、［挿入］→［テキストボックス］で入れましょう。

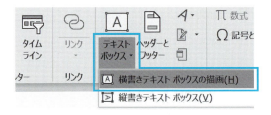

あとは、色を整えれば完成です。

■ キャッシュ・フロー計算書

キャッシュ・フロー計算書（2期比較）をつくるには、3期分のデータが必要です。年次推移があれば、3期分のデータはすでにそろっていますので、VLOOKUP関数でまずは連動しましょう。

	H	I	J	K	L	M	N
1		科目	前々期	前期	当期	前期-前々期	当期-前期
2							
3		税引前当期純利益	3,090	4,795	8,276	1,704	3,481
4		減価償却費	1,002	835	2,744	-167	1,910
5		現預金合計	18,998	19,696	34,443	698	14,747
6		貸倒引当金	-124	-121	-34	3	87
7		売掛金	20,669	20,182	25,750	-487	5,568

J3セル: =VLOOKUP($I3,年次推移!$A:$K,9,FALSE)

連動したデータの下には、次のようなデータを入力しています。固定資産の増加と減少、借入金の増加と減少をわけるためです。

	I	J	K	L
	固定資産取得			11,098,560
	固定資産売却			
	当期借入額（短期）		5,000,000	
	当期借入額（長期）			20,000,000

これらのデータを、VLOOKUP関数や参照「＝」で連動していきます。

	A	B	C	D
1			前期	当期
2		Ⅰ．営業活動によるキャッシュ・フロー		
3		税引前当期純利益	4,795	8,276
4		減価償却費	835	2,744
5		貸倒引当金の増減額	3	87
6		売上債権の増減額	487	-5,568
7		たな卸資産の増減額	-2,130	1,507
8		その他流動資産の増減額	0	0
9		仕入債務の増減額	-726	5,617
10		その他流動負債の増減額	-2,610	8,793
11		受取利息の増減額	-13	-12
12		支払利息の増減額	54	200
13		法人税等の支払額	-2,717	-3,310
14		その他	-47	-361
15		営業CF	-2,069	17,973
16		Ⅱ．投資活動によるキャッシュ・フロー		
17		有形固定資産の増加額	0	-11,099
18		有形固定資産の減少額	167	-1,026
19		貸付けによる増減額		
20		その他固定資産等の増減額	0	-700
21		投資CF	167	-12,825
22		Ⅲ．財務活動によるキャッシュ・フロー		
23		短期借入金の増加額	5,000	0
24		短期借入金の減少額	0	-5,000
25		長期借入金の増加額	0	20,000
26		長期借入金の減少額	-2,400	-5,400
27		資本金等の増減額	0	0
28		配当金の支払額	0	0
29		その他の固定負債等の増減額	0	0
30		財務CF	2,600	9,600
31		Ⅳ．現金及び現金同等物に係る為替換算差額		
32		Ⅴ．現金及び現金同等物の増減額	698	14,748
33		Ⅵ．現金及び現金同等物期首残高	18,998	19,696
34		Ⅶ．資金範囲の変更に伴う調整額		
35		Ⅷ．現金及び現金同等物期末残高	19,696	34,444

印刷範囲外には、検算するしくみをつくってありますので、検算しておきましょう。

もし、数字が合わない場合は、営業CFの「その他」で調整します。

その他流動資産の増減額		0	0
仕入債務の増減額		-726	5,617
その他流動負債の増減額		-2,610	8,793
受取利息の増減額		-13	-12
支払利息の増減額		54	200
法人税等の支払額		-2,717	-3,310
その他		-47	-362
営業CF		-2,069	17,972

連動する際に、たとえば、「売掛債権」なら売掛金を連動するので、連動科目をF列に入れて、それをVLOOKUP関数で読み取るというしくみです。

また、増減をプラスで反映するか（買掛金、借入金等）、マイナスで反映するか（売掛金、商品等）で、G列に「1」か「-1」を入れ、計算に反映しています。

`=IFERROR($F6*(VLOOKUP($E6,$H:$M,6,FALSE)),0)`

D	E	F	G	H	I	J	K	L	M
当期	連動科目	計算		科目	前々期	前期	当期	前期-前々期	当期-前期
8,276	税引前当期純利益			税引前当期純利益	3,090	4,795	8,276	1,704	3,481
2,744	減価償却費			減価償却費	1,002	835	2,744	-167	1,910
87	貸倒引当金		1	現預金合計	18,998	19,696	34,443	698	14,747
-5,568	売掛金		-1	貸倒引当金	-124	-121	-35	3	87
1,507	商品		-1	売掛金	20,669	20,182	25,750	-487	5,568

有形固定資産や長期借入金の部分は、別の数式を入れていますのでダウンロードファイルでご確認ください。

■ 決算短信

A4用紙1枚で決算の概要を表現するために、決算短信を参考にしています。

どんな項目を表示するかは会社によって変わってきますので、適切なものを選びましょう。

	A	B	C	D	E	F	G	H	I	J
1					2019年3月期 決算短信					
2	ABC株式会社									
3										
4	1	2019年3月期の業績（2018年04月01日～2019年03月31日）								
5		（1）経営成績								
6			売上高		売上総利益		経常利益		当期純利益	
7		2019年3月期	228,396千円	116%	147,121千円	126%	8,276千円	173%	4,965千円	239%
8		2018年3月期	197,587千円	-1%	116,576千円	2%	4,795千円	-39%	2,078千円	7%
9										
10			売上総利益率		労働分配率		総資産利益率		経常利益率	
11		2019年3月期	64%		59%		11%		4%	
12		2018年3月期	59%		76%		7%		4%	
13										
14		（2）財政状態								
15			資産合計		純資産合計		自己資本比率		1株当たり純資産	
16		2019年3月期	78,270千円		22,794千円		29%		228千円	
17		2018年3月期	49,295千円		17,828千円		64%		178千円	
18										
19		（3）キャッシュ・フローの状況								
20			営業CF		投資CF		財務CF		合計CF	
21		2019年3月期	17,972千円		-12,825千円		9,600千円		14,747千円	
22		2018年3月期	-2,069千円		167千円		2,600千円		698千円	
23										
24		（4）納税の状況								
25			法人税等		消費税					
26		2019年3月期	4,941千円		10,475千円					
27		2018年3月期	4,668千円		11,377千円					
28										
29	2	2019年3月期の業績予測（2019年3月31日～2020年03月31日）								
30			売上高		経常利益					
31		2020年3月期	250,000千円		10,000千円					
32		2019年3月期	228,396千円		8,276千円					

数値は、シート「年次推移」から連動し、キャッシュ・フローについてはシート「CF」から連動しています。

■ グラフ

その他、データから様々なグラフをつくることができます。

■10年の推移（売上高、経常利益、総資産利益率）

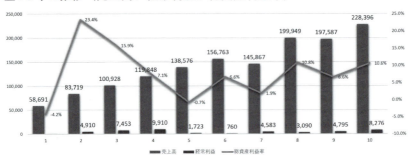

■10年の推移（現預金、長期借入金）

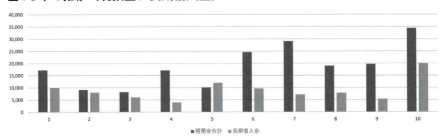

Excelでグラフをコピーし、パワポ（PowerPoint）へ貼り付ければ、また違った形の資料をつくことができ、スライドを使って説明もできます。

■パワポ（Power Point）でつくる資料

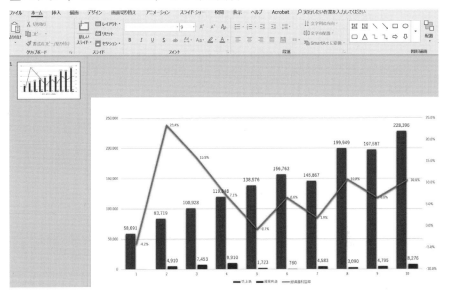

　経理業務の結果として作成されたデータを、ニーズに合わせてアウトプットしていきましょう。

　誰にアウトプットするかで、資料は変わりますし、必要なデータも変わります。数字のみを出せばいい場合もあれば、グラフで表現したほうがいい場合もあるでしょう。

　また、会社のそのときの状況により、必要な数字も変わってくるものです。

・部門別の売上、利益
・支店別の売上推移
・商品別の売上高
・担当者ごとの売上高
・メニュー別の売上高

　アウトプットしたい資料によって、経理のやり方を変えていきましょう。

井ノ上陽一（いのうえ よういち）

株式会社タイムコンサルティング代表取締役。税理士。総務省統計局、IT企業を経て独立。Excelを経理業務・税理士業務と組み合わせた効率化を得意とし、自らが効率化するとともに、税理士顧問のほか、コンサルティング、セミナー、執筆により提供している。
ブログは13年、4700日以上毎日更新。趣味はトライアスロン。スイム3.8km、バイク180.2km、ラン42.2kmのアイアンマンをはじめこれまで56戦に参加。
著書に『新版 ひとり社長の経理の基本』『社長!「経理」がわからないと、あなたの会社潰れますよ!』（以上、ダイヤモンド社）、『ひとり税理士の仕事術』（大蔵財務協会）など17冊。

●Blog https://www.ex-it-blog.com/

新版 そのまま使える
経理&会計のためのExcel入門

2010年 9月10日 初 版 発 行
2018年12月10日 最新2版発行
2020年11月 1日 第 2 刷 発 行

著　者　井ノ上陽一　©Y.Inoue 2018
発行者　杉本淳一

発行所　株式会社 日本実業出版社　東京都新宿区谷本本村町3-29 〒162-0845
　　　　　　　　　　　　　　　　　大阪市北区西天満6-8-1 〒530-0047
　　　　編集部 ☎03-3268-5651
　　　　営業部 ☎03-3268-5161　振替 00170-1-25349
　　　　https://www.njg.co.jp/

印刷／厚徳社　製本／若林製本

この本の内容についてのお問合せは、書面かFAX（03-3268-0832）にてお願い致します。
落丁・乱丁本は、送料小社負担にて、お取り替え致します。

ISBN 978-4-534-05641-2　Printed in JAPAN

日本実業出版社の本
わかりやすい経理＆会計の解説書

好評既刊！

経理に配属されたら読む本

村井　直志
定価 本体1400円（税別）

「経理に配属されたけど、どんな仕事をするの？」という経理初心者向けに、会計・税務に関する基本事項のほか、エクセルの活用術も解説。即戦力人材に必要なスキルが、この1冊で身につく。

会計の基本

岩谷　誠治
定価 本体1500円（税別）

会計を財務会計と管理会計という軸に分けて、税務会計や連結決算から、内部統制やIFRS、組織再編手法まで幅広く解説。会計の要点だけでなく、実践的な会計力も身につけられる1冊。

「数字」が読めると
本当に儲かるんですか？

古屋　悟司
定価 本体1400円（税別）

ずっと赤字体質だったのが、スゴ腕税理士から「管理会計」について教わったとたん、V字回復して黒字が続いているという、著者の実話をもとにした超実践的な会計の入門書。使える知識が満載！

定価変更の場合はご了承ください。